Carnap | Überwindung der Metaphysik durch logische Analyse der Sprache

Great Papers Philosophie

Rudolf Carnap

Überwindung der Metaphysik durch logische Analyse der Sprache

Herausgegeben von Christian Damböck

Reclam

RECLAMS UNIVERSAL-BIBLIOTHEK Nr. 14299
2022 Philipp Reclam jun. Verlag GmbH,
Siemensstraße 32, 71254 Ditzingen
info@reclam.de
Gestaltung: Cornelia Feyll, Friedrich Forssman
Druck und Bindung: Esser printSolutions GmbH,
Untere Sonnenstraße 5, 84030 Ergolding
Printed in Germany 2025
RECLAM, UNIVERSAL-BIBLIOTHEK und
RECLAMS UNIVERSAL-BIBLIOTHEK sind eingetragene Marken
der Philipp Reclam jun. GmbH & Co. KG, Stuttgart
ISBN 978-3-15-014299-8
reclam.de

Überwindung der Metaphysik durch logische Analyse der Sprache

1. Einleitung

Von den griechischen Skeptikern bis zu den Empiristen des 19. Jahrhunderts hat es viele *Gegner der Metaphysik* gegeben. Die Art der vorgebrachten Bedenken ist sehr verschieden gewesen. Manche erklärten die Lehre der Metaphysik für *falsch*, da sie der Erfahrungserkenntnis widerspreche. Andere hielten sie nur für *ungewiß*, da ihre Fragestellung die Grenzen der menschlichen Erkenntnis überschreite. Viele Antimetaphysiker erklärten die Beschäftigung mit metaphysischen Fragen für *unfruchtbar*; ob man sie nun beantworten könne oder nicht, jedenfalls sei es unnötig, sich um sie zu kümmern; man widme sich ganz der praktischen Aufgabe, die jeder Tag dem tätigen Menschen stellt!

Durch die Entwicklung der *modernen Logik* ist es möglich geworden, auf die Frage nach Gültigkeit und Berechtigung der Metaphysik eine neue und schärfere Antwort zu geben. Die Untersuchungen der »angewandten Logik« oder »Erkenntnistheorie«, die sich die Aufgabe stellen, durch logische Analyse den Erkenntnisgehalt der wissenschaftlichen Sätze und damit die Bedeutung der in den Sätzen auftretenden Wörter (»Begriffe«) klarzustellen, führen zu einem positiven und zu einem negativen Ergebnis. Das positive Ergebnis wird auf dem Gebiet der empirischen Wissenschaft erarbeitet; die einzelnen Begriffe der verschiedenen Wissenschaftszweige werden geklärt; [220] ihr formal-logischer und erkenntnistheoretischer Zusammenhang wird aufgewiesen. Auf dem Gebiet der *Metaphysik* (einschließlich aller Wertphilosophie und Normwissenschaft) führt die logische Analyse zu dem negativen Ergebnis, daß *die vorgeblichen Sätze dieses Gebietes gänzlich sinnlos sind.* Damit ist eine radikale Überwindung der Metaphysik erreicht, die von den früheren antimetaphysischen Standpunkten aus noch nicht möglich war. Zwar finden sich verwandte Gedanken schon in manchen früheren Überlegungen, z. B. in solchen von nominalistischer Art; aber die entscheidende Durchführung ist erst heute möglich, nachdem die Logik durch die Entwicklung, die sie in den letzten Jahrzehnten genommen hat, zu einem Werkzeug von hinreichender Schärfe geworden ist.

Wenn wir sagen, daß die sog. Sätze der Metaphysik *sinnlos* sind, so ist dies Wort im strengsten Sinn gemeint. Im unstrengen Sinn pflegt man zuweilen einen Satz oder eine Frage als sinnlos zu bezeichnen, wenn ihre Aufstellung gänzlich unfruchtbar ist (z. B. die Frage: »Wie groß ist das durchschnittliche Körpergewicht derjenigen Personen in Wien, deren Telephonnummer mit ›3‹ endet?«); oder auch einen Satz, der ganz offenkundig falsch ist (z. B. »im Jahr 1910 hatte Wien 6 Einwohner«), oder einen solchen, der nicht nur empirisch, sondern logisch falsch, also kontradiktorisch ist (z. B. »von den Personen A und B ist jede 1 Jahr älter als die andere«). Derartige Sätze sind, wenn auch unfruchtbar oder falsch, doch sinnvoll; denn nur sinnvolle Sätze kann man überhaupt einteilen in (theoretisch) fruchtbare und unfruchtbare, wahre und falsche. Im strengen Sinn *sinnlos* ist dagegen eine Wortreihe, die innerhalb einer bestimmten, vorgegebenen Sprache gar keinen Satz bildet. Es kommt vor, daß eine solche Wortreihe auf den ersten Blick so aussieht, als sei sie ein Satz; in diesem Falle nennen wir sie einen *Scheinsatz*. Unsere These behauptet nun, daß die angeblichen Sätze der Metaphysik sich durch logische Analyse als Scheinsätze enthüllen.

Eine Sprache besteht aus Vokabular und Syntax, d. h. aus einem Bestand an Wörtern, die eine Bedeutung haben, und aus Regeln der Satzbildung; diese Regeln geben an, wie aus Wörtern der verschiedenen Arten Sätze gebildet werden können. Demgemäß gibt es zwei Arten von Scheinsätzen: entweder kommt ein Wort vor, von dem man nur irrtümlich annimmt, daß es eine Bedeutung habe, oder die vorkommenden Wörter haben zwar Bedeutungen, sind aber in syntaxwidriger Weise zusammengestellt, so daß sie keinen Sinn ergeben. Wir werden an Beispielen sehen, daß Scheinsätze beider Arten in der [221] Metaphysik vorkommen. Später werden wir dann überlegen müssen, welche Gründe für unsere Behauptung sprechen, daß die gesamte Metaphysik aus solchen Scheinsätzen besteht.

2. Die Bedeutung eines Wortes

Hat ein Wort (innerhalb einer bestimmten Sprache) eine Bedeutung, so pflegt man auch zu sagen, es bezeichne einen »Begriff«; sieht es nur so aus, als habe das Wort eine Bedeutung, während es in Wirklichkeit keine hat, so sprechen wir von einem »Scheinbegriff«. Wie ist die Entstehung eines solchen zu erklären? Ist nicht jedes Wort nur deshalb in die Sprache eingeführt worden, um etwas Bestimmtes auszudrücken, so daß es von seinem ersten Gebrauch an eine bestimmte Bedeutung hat? Wie kann es da in der traditionellen Sprache bedeutungslose Wörter geben? Ursprünglich hat allerdings jedes Wort (abgesehen von seltenen Ausnahmen, für die wir später ein Beispiel geben werden) eine Bedeutung. Im Lauf der geschichtlichen Entwicklung ändert ein Wort häufig seine Bedeutung. Und nun kommt es zuweilen auch vor, daß ein Wort seine alte Bedeutung verliert, ohne eine neue zu bekommen. Dadurch entsteht dann ein Scheinbegriff.

Worin besteht nun *die Bedeutung eines Wortes*? Welche Festsetzungen müssen in bezug auf ein Wort getroffen sein, damit es eine Bedeutung hat? (Ob diese Festsetzungen ausdrücklich ausgesprochen sind, wie bei einigen Wörtern und Symbolen der modernen Wissenschaft, oder stillschweigend vereinbart sind, wie es bei den meisten Wörtern der traditionellen Sprache zu sein pflegt, darauf kommt es für unsere Überlegungen nicht an.) Erstens muß die *Syntax* des Wortes festliegen, d. h. die Art seines Auftretens in der einfachsten Satzform, in der es vorkommen kann; wir nennen diese Satzform seinen *Elementarsatz*. Die elementare Satzform für das Wort »Stein« ist z. B. »*x* ist ein Stein«;

in Sätzen dieser Form steht an Stelle von »x« irgendeine Bezeichnung aus der Kategorie der Dinge, z. B. »dieser Diamant«, »dieser Apfel«. Zweitens muß für den Elementarsatz *S* des betreffenden Wortes die Antwort auf folgende Frage gegeben sein, die wir formulieren können:

1. Aus was für Sätzen ist *S* *ableitbar*, und welche Sätze sind aus *S* ableitbar?
2. Unter welchen Bedingungen soll *S* *wahr*, unter welchen falsch sein? [222]
3. Wie ist *S* zu *verifizieren*?
4. Welchen *Sinn* hat *S*?

(1) ist die korrekte Formulierung; die Formulierung (2) paßt sich der Redeweise der Logik an, (3) der Redeweise der Erkenntnistheorie, (4) der der Philosophie (Phänomenologie). Daß das, was die Philosophen mit (4) meinen, durch (2) erfaßt wird, hat Wittgenstein ausgesprochen: der Sinn eines Satzes liegt in seinem Wahrheitskriterium. [(1) ist die »metalogische« Formulierung; eine ausführliche Darstellung der Metalogik als Theorie der Syntax und des Sinnes, d. h. der Ableitungsbeziehungen, soll später an anderer Stelle gegeben werden.]

Bei vielen Wörtern, und zwar bei der überwiegenden Mehrzahl aller Wörter der Wissenschaft, ist es möglich, die Bedeutung durch Zurückführung auf andere Wörter (»Konstitution«, Definition) anzugeben. Z. B.: »›Arthropoden‹ sind Tiere mit gegliedertem Körper, gegliederten Extremitäten und einer Körperdecke aus Chitin.« Hierdurch ist für die elementare Satzform des Wortes »Arthropode«, nämlich für die Satzform »das Ding *x* ist ein Arthropode«, die vorhin genannte Frage beantwortet; es ist bestimmt, daß ein Satz dieser Form ableitbar sein soll aus Prämissen von der Form »*x* ist ein Tier«, »*x* hat einen gegliederten Körper«, »*x* hat gegliederte Extremitäten«, »*x* hat eine Körperdecke aus Chitin«, und daß umgekehrt jeder dieser Sätze aus jenem Satz ableitbar sein soll. Durch diese Bestimmungen über Ableitbarkeit (in anderer Ausdrucksweise: über das Wahrheitskriterium, die Verifikationsmethode, den Sinn) des Elementarsatzes über »Arthropode« ist die Bedeutung des Wortes »Arthropode« festgelegt. In dieser Weise wird jedes Wort der Sprache auf andere Wörter und schließlich auf die in den sog. »Beobachtungssätzen« oder »Protokollsätzen« vorkommenden Wörter zurückgeführt. Durch diese Zurückführung erhält das Wort seine Bedeutung.

Die Frage nach Inhalt und Form der ersten Sätze (Protokollsätze), die bisher noch keine endgültige Beantwortung gefunden hat, können wir für unsere Erörterung ganz beiseite lassen. Man pflegt in der Erkenntnistheorie zu sagen, daß die ersten Sätze sich auf »das Gegebene« beziehen; es besteht aber keine Übereinstimmung in der Frage, was als das Gegebene anzusprechen ist. Zuweilen wird die Auffassung vertreten, daß die Sätze über das Gegebene von einfachsten Sinnes- und Gefühlsqualitäten sprechen (z. B. »warm«, »blau«, »Freude« und dergl.); andere neigen zu der Auffassung, daß die ersten Sätze von Gesamterlebnissen und Ähnlichkeitsbeziehungen zwischen solchen sprechen; eine weitere Auffassung meint, daß auch die ersten Sätze schon von Dingen sprechen. Unabhängig von der Verschiedenheit dieser Auffassungen steht fest, daß eine Wort-[223]reihe nur dann einen Sinn hat, wenn ihre Ableitungsbeziehungen aus Protokollsätzen feststehen, mögen diese Protokollsätze nun von dieser oder jener Beschaffenheit sein; und ebenso, daß ein Wort nur dann eine Bedeutung hat, wenn die Sätze, in denen es vorkommen kann, auf Protokollsätze zurückführbar sind.

Da die Bedeutung eines Wortes durch sein Kriterium bestimmt ist (in anderer Ausdrucksweise: durch die Ableitungsbeziehungen seines Elementarsatzes, durch seine Wahrheitsbedingungen, durch die Methode seiner Verifikation), so kann man nicht nach der Festsetzung des Kriteriums auch noch darüber verfügen, was man mit dem Wort »meinen« wolle. Man darf nicht weniger als das Kriterium angeben, damit das Wort eine scharfe Bedeutung erhält; aber man kann auch nicht mehr als das Kriterium angeben, denn durch dieses ist alles Weitere bestimmt. Im Kriterium ist die Bedeutung implizit enthalten; es bleibt nur übrig, sie explizit herauszustellen.

Nehmen wir beispielshalber an, jemand bilde das neue Wort »babig« und behaupte, es gäbe Dinge, die babig sind, und solche, die nicht babig sind. Um die Bedeutung dieses Wortes zu erfahren, werden wir ihn nach dem Kriterium fragen: Wie ist im konkreten Fall festzustellen, ob ein bestimmtes Ding babig ist oder nicht? Nun wollen wir zunächst einmal annehmen, der Gefragte bleibe die Antwort schuldig; er sagt, es gebe keine empirischen Kennzeichen für die Babigkeit. In diesem Falle werden wir die Verwendung des Wortes nicht für zulässig halten. Wenn der das Wort Verwendende trotzdem sagt, es gebe babige und nicht babige Dinge, nur bleibe es für den armseligen, endlichen Verstand des Menschen ein ewiges Geheimnis, welche Dinge babig sind und welche nicht, so werden wir dies für leeres Gerede ansehen. Vielleicht wird er uns aber versichern, daß er mit dem Wort »babig« doch etwas meine. Daraus erfahren wir jedoch nur das psychologische Faktum, daß er irgendwelche Vorstellungen und Gefühle mit dem Wort verbindet. Aber eine Bedeutung bekommt das Wort hierdurch nicht. Ist kein Kriterium für das neue Wort festgesetzt, so besagen die Sätze, in denen es vorkommt, nichts, sie sind bloße Scheinsätze.

Zweitens wollen wir den Fall annehmen, daß das Kriterium für ein neues Wort, etwa »bebig«, festliegt; und zwar sei der Satz: »Dies Ding ist bebig« stets dann und nur dann wahr, wenn das Ding viereckig ist. (Dabei ist es für unsere Überlegungen ohne Belang, ob dieses Kriterium uns ausdrücklich angegeben wird, oder ob wir es dadurch feststellen, daß wir beobachten, in welchen Fällen das Wort bejahend und in welchen Fällen es verneinend gebraucht [224] wird.) Hier werden wir sagen: Das Wort »bebig« hat dieselbe Bedeutung wie das Wort »viereckig«. Und wir werden es als unzulässig ansehen, wenn die das Wort Verwendenden uns sagen, sie »meinten« aber etwas anderes damit als »viereckig«; es sei zwar jedes viereckige Ding auch bebig und umgekehrt, aber das beruhe nur darauf, daß die Viereckigkeit der sichtbare Ausdruck für die Bebigkeit sei, diese aber sei eine geheime, selbst nicht wahrnehmbare Eigenschaft. Wir werden entgegnen, daß, nachdem hier das Kriterium festliegt, auch schon festliegt, daß »bebig« »viereckig« bedeutet, und daß gar nicht mehr die Freiheit besteht, dies oder jenes andere mit dem Wort zu »meinen«.

Das Ergebnis unserer Überlegungen sei kurz zusammengefaßt. »*a*« sei irgendein Wort und »*S*(*a*)« der Elementarsatz, in dem es auftritt. Die hinreichende und notwendige Bedingung dafür, daß »*a*« eine Bedeutung hat, kann dann in jeder der folgenden Formulierungen angegeben werden, die im Grunde dasselbe besagen:

1. Die *empirischen Kennzeichen* für »*a*« sind bekannt.
2. Es steht fest, aus was für Protokollsätzen »*S*(*a*)« *abgeleitet* werden kann.
3. Die *Wahrheitsbedingungen* für »*S*(*a*)« liegen fest.
4. Der Weg zur *Verifikation* von »*S*(*a*)« ist bekannt[1].

1 Über die logische und erkenntnistheoretische Auffassung, die unserer Darlegung zugrunde liegt, hier aber nur kurz angedeutet werden kann, vgl.:
Wittgenstein, Tractatus logico-philosophicus, 1922.
Carnap, Der logische Aufbau der Welt, 1928.
Waismann, Logik, Sprache, Philosophie. (In Vorbereitung.)

3. Metaphysische Wörter ohne Bedeutung

Bei vielen Wörtern der Metaphysik zeigt sich nun, daß sie die soeben angegebene Bedingung nicht erfüllen, daß sie also ohne Bedeutung sind.

Nehmen wir als *Beispiel* den metaphysischen Terminus »*Prinzip*« (und zwar als Seinsprinzip, nicht als Erkenntnisprinzip oder Grundsatz). Verschiedene Metaphysiker geben Antwort auf die Frage, was das (oberste) »Prinzip der Welt« (oder »der Dinge«, »des Seins«, »des Seienden«) sei, z. B.: das Wasser, die Zahl, die Form, die Bewegung, das Leben, der Geist, die Idee, das Unbewußte, die Tat, das Gute und dergl. mehr. Um die Bedeutung, die das Wort »Prinzip« in dieser metaphysischen Frage hat, zu finden, müssen wir die Metaphysiker fragen, unter welchen Bedingungen ein Satz [225] von der Form »x ist das Prinzip von y« wahr und unter welchen er falsch sein soll; mit anderen Worten: wir fragen nach den Kennzeichen oder nach der Definition des Wortes »Prinzip«. Der Metaphysiker antwortet ungefähr so: »x ist das Prinzip von y« soll heißen »y geht aus x hervor«, »das Sein von y beruht auf dem Sein von x«, »y besteht durch x« oder dergl. Diese Worte aber sind vieldeutig und unbestimmt. Sie haben häufig eine klare Bedeutung; z. B. sagen wir von einem Ding oder Vorgang y, er »gehe hervor« aus x, wenn wir beobachten, daß auf Dinge oder Vorgänge von der Art des x häufig oder immer solche von der Art des y folgen (Kausalverhältnis im Sinn einer gesetzmäßigen Aufeinanderfolge). Aber der Metaphysiker sagt uns, daß er nicht dieses empirisch feststellbare Verhältnis meine; denn sonst würden ja seine metaphysischen Thesen einfache Erfahrungssätze von der gleichen Art wie die der Physik. Das

Wort »hervorgehen« solle hier nicht die Bedeutung eines Zeitfolge- und Bedingungsverhältnisses haben, die das Wort gewöhnlich hat. Es wird aber für keine andere Bedeutung ein Kriterium angegeben. Folglich existiert die angebliche »metaphysische« Bedeutung, die das Wort im Unterschied zu jener empirischen Bedeutung hier haben soll, überhaupt nicht. Denken wir an die ursprüngliche Bedeutung des Wortes »principium« (und des entsprechenden griechischen Wortes »ἀρχή«), so bemerken wir, daß hier der gleiche Entwicklungsgang vorliegt. Die ursprüngliche Bedeutung »Anfang« wird dem Wort ausdrücklich genommen; es soll nicht mehr das zeitlich Erste, sondern das Erste in einer anderen, spezifisch metaphysischen Hinsicht bedeuten. Die Kriterien für diese »metaphysische Hinsicht« werden aber nicht angegeben. In beiden Fällen ist also dem Wort seine frühere Bedeutung genommen worden, ohne ihm eine neue zu geben; es bleibt das Wort als leere Hülse zurück. Aus einer früheren bedeutungsvollen Periode haften ihm noch verschiedene Vorstellungen assoziativ an; sie verknüpfen sich mit neuen Vorstellungen und Gefühlen durch den Zusammenhang, in dem man nunmehr das Wort gebraucht. Aber eine Bedeutung hat das Wort dadurch nicht; und es bleibt auch weiter bedeutungslos, solange man keinen Weg zur Verifikation angeben kann.

Ein anderes Beispiel ist das Wort »*Gott*«. Bei diesem Wort müssen wir, abgesehen von den Varianten seines Gebrauchs innerhalb eines jeden der Gebiete, den Sprachgebrauch in drei verschiedenen Fällen oder historischen Perioden, die aber zeitlich ineinander überfließen, unterscheiden. Im *mythologischen* Sprachgebrauch hat das Wort eine [226] klare Bedeutung. Es werden mit diesem Wort (bzw. mit den Parallelwörtern anderer Sprachen) zuweilen körperliche Wesen bezeichnet, die etwa auf dem Olymp, im Himmel oder in der Unterwelt thronen, und die mit Macht, Weisheit, Güte und Glück in mehr oder minder vollkommenem Maße ausgestattet sind. Zuweilen bezeichnet das Wort auch seelisch-geistige Wesen, die zwar keinen menschenartigen Körper haben, aber doch irgendwie in den Dingen oder Vorgängen der sichtbaren Welt sich zeigen und daher empirisch feststellbar sind. Im *metaphysischen* Sprachgebrauch dagegen bezeichnet »Gott« etwas Überempirisches. Die Bedeutung eines körperlichen oder eines im Körperlichen steckenden seelischen Wesens wird dem Wort ausdrücklich genommen. Und da ihm keine neue Bedeutung gegeben wird, so wird es bedeutungslos. Allerdings sieht es häufig so aus, als gäbe man dem Wort »Gott« eine Bedeutung auch im Metaphysischen. Aber die Definitionen, die man aufstellt, erweisen sich bei näherem Zusehen als Scheindefinitionen; sie führen entweder auf logisch unzulässige Wortverbindungen (von denen später die Rede sein wird) oder auf andere metaphysische Wörter zurück (z. B. »Urgrund«, »das Absolute«, »das Unbedingte«, »das Unabhängige«, »das Selbständige« und dergl.), aber in keinem Fall auf die Wahrheitsbedingungen seines Elementarsatzes. Bei diesem Wort wird nicht einmal die erste Forderung der Logik erfüllt, nämlich die Forderung nach Angabe seiner Syntax, d. h. der Form seines Vorkommens im Elementarsatz. Der Elementarsatz müßte hier die Form haben »*x* ist ein Gott«; der Metaphysiker aber lehnt entweder diese Form gänzlich ab, ohne eine andere anzugeben, oder er gibt, wenn er sie annimmt, nicht die syntaktische Kategorie der Variablen *x* an. (Kategorien sind z. B.: Körper,

Eigenschaften von Körpern, Beziehungen zwischen Körpern, Zahlen usw.).

Zwischen dem mythologischen und dem metaphysischen Sprachgebrauch steht der *theologische Sprachgebrauch* in bezug auf das Wort »Gott«. Hier liegt keine eigene Bedeutung vor, sondern man schwankt zwischen jenen beiden Anwendungsarten hin und her. Manche Theologen haben einen deutlich empirischen (also in unserer Bezeichnungsweise »mythologischen«) Gottesbegriff. In diesem Fall liegen keine Scheinsätze vor; aber der Nachteil für den Theologen besteht darin, daß bei dieser Deutung die Sätze der Theologie empirische Sätze sind und daher dem Urteil der empirischen Wissenschaft unterstehen. Bei anderen Theologen liegt deutlich der metaphysische Sprachgebrauch vor. Wieder bei anderen ist der Sprachgebrauch un-[227]klar, sei es, daß sie zuweilen diesem, zuweilen jenem Sprachgebrauch folgen, sei es, daß sie sich in nicht klar faßbaren, nach beiden Seiten schillernden Ausdrücken bewegen.

Ebenso wie die betrachteten Beispiele »Prinzip« und »Gott« sind auch die meisten anderen *spezifisch metaphysischen Termini ohne Bedeutung*, z. B. »Idee«, »das Absolute«, »das Unbedingte«, das »Unendliche«, »das Sein des Seienden«, »das Nicht-Seiende«, »Ding an sich«, »absoluter Geist«, »objektiver Geist«, »Wesen«, »Ansichsein«; »Anundfürsichsein«, »Emanation«, »Manifestation«, »Ausgliederung«, »das Ich«, »das Nicht-Ich« usw. Mit diesen Ausdrücken verhält es sich nicht anders als mit dem Wort »babig« in dem früher erdachten Beispiel. Der Metaphysiker sagt uns, daß sich empirische Wahrheitsbedingungen nicht angeben lassen; wenn er hinzufügt, daß er mit einem solchen Wort trotzdem etwas »meine«, so wissen wir, daß damit nur begleitende Vorstellungen und Gefühle angedeutet sind, durch die das Wort aber keine Bedeutung erhält. Die metaphysischen angeblichen Sätze, die solche Wörter enthalten, haben keinen Sinn, besagen nichts, sind bloße Scheinsätze. Wie ihre historische Entstehung zu erklären ist, werden wir später überlegen.

4. Der Sinn eines Satzes

Bisher haben wir Scheinsätze betrachtet, in denen ein bedeutungsloses Wort vorkommt. Es gibt nun noch eine zweite Art von Scheinsätzen. Sie bestehen aus Wörtern mit Bedeutung, sind aber aus diesen Wörtern so zusammengesetzt, daß sich doch kein Sinn ergibt. Die Syntax einer Sprache gibt an, welche Wortverbindungen zulässig und welche unzulässig sind. Die grammatische Syntax der natürlichen Sprachen erfüllt aber die Aufgabe der Ausschaltung sinnloser Wortverbindungen nicht überall. Nehmen wir als Beispiel die folgenden beiden Wortreihen:

1. »Caesar ist und«,
2. »Caesar ist eine Primzahl.«

Die Wortreihe (1) ist syntaxwidrig gebildet; die Syntax verlangt, daß an dritter Stelle nicht ein Bindewort, sondern ein Prädikat stehe, also ein Substantiv (mit Artikel) oder ein Adjektiv. Syntaxgemäß gebildet ist z. B. die Wortreihe »Caesar ist ein Feldherr«; sie ist eine sinnvolle Wortreihe, ein wirklicher Satz. Ebenso ist aber nun auch die Wortreihe (2) syntaxgemäß gebildet, denn sie hat dieselbe grammatische Form wie der soeben genannte Satz. (2) ist aber trotzdem [228] sinnlos. »Primzahl« ist eine Eigenschaft von Zahlen; sie kann einer Person weder zu- noch abgesprochen werden. Da (2) aussieht wie ein Satz, aber kein Satz ist, nichts besagt, weder einen bestehenden noch einen nicht bestehenden Sachverhalt zum Ausdruck bringt, so nennen wir diese Wortreihe einen »Scheinsatz«. Dadurch, daß die grammatische Syntax nicht verletzt ist, wird man auf den ersten Blick leicht zu der irrigen Meinung verführt, man habe es doch mit einem Satz zu tun, wenn auch mit einem falschen. »*a* ist eine Primzahl« ist aber dann und nur dann falsch, wenn *a* durch eine natürliche Zahl, die weder *a* noch 1 ist, teilbar ist; hier kann offenbar für »*a*« nicht »Caesar« gesetzt werden. Dieses Beispiel ist so gewählt worden, daß die Sinnlosigkeit leicht zu bemerken ist; bei manchen metaphysischen sog. Sätzen ist nicht so leicht zu erkennen, daß sie Scheinsätze sind. Daß es in der gewöhnlichen Sprache möglich ist, eine sinnlose Wortreihe zu bilden, ohne die Regeln der Grammatik zu verletzen, weist darauf hin, daß die grammatische Syntax, vom logischen Gesichtspunkt aus betrachtet, unzulänglich ist. Würde die grammatische Syntax der logischen Syntax genau entsprechen, so könnte kein Scheinsatz entstehen. Würde die grammatische Syntax nicht nur die Wortarten der Substantive, der Adjektive, der Verben, der Konjunktionen usw. unterscheiden, sondern innerhalb dieser Arten noch gewisse logisch geforderte Unterschiede machen, so könnten keine Scheinsätze gebildet werden. Würden z. B. die Substantive grammatisch in mehrere Wortarten zerfallen, je nachdem, ob sie Eigenschaften von Körpern, von Zahlen usw. bezeichnen, so würden die Wörter »Feldherr« und »Primzahl« zu grammatisch verschiedenen Wortarten gehören, und (2) würde genau so sprachwidrig sein wie (1). In einer korrekt aufgebauten Sprache wären also alle sinnlosen Wortreihen von der Art des Beispiels (1). Sie würden somit schon durch die Grammatik gewissermaßen automatisch ausgeschaltet; d. h. man brauchte, um Sinnlosigkeit zu vermeiden, nicht auf die Bedeutung der einzelnen Wörter zu achten, sondern nur auf ihre Wortart (die »syntaktische Kategorie«,

z. B.: Ding, Dingeigenschaft, Dingbeziehung, Zahl, Zahleigenschaft, Zahlbeziehung u. a.). Wenn unsere These, daß die Sätze der Metaphysik Scheinsätze sind, zu Recht besteht, so würde also in einer logisch korrekt aufgebauten Sprache die Metaphysik gar nicht ausgedrückt werden können. Daraus ergibt sich die große philosophische Bedeutsamkeit der Aufgabe des Aufbaus einer logischen Syntax, an der die Logiker gegenwärtig arbeiten. [229]

5. Metaphysische Scheinsätze

Wir wollen nun einige Beispiele metaphysischer Scheinsätze aufzeigen, an denen sich besonders deutlich erkennen läßt, daß die logische Syntax verletzt ist, obwohl die historisch-grammatische Syntax erfüllt ist. Wir wählen einige Sätze aus derjenigen metaphysischen Lehre, die gegenwärtig in Deutschland den stärksten Einfluß ausübt[2].

»Erforscht werden soll das Seiende nur und sonst – *nichts*; das Seiende allein und weiter – *nichts*; das Seiende einzig und darüber hinaus – *nichts. Wie steht es um dieses Nichts?* – – *Gibt es das Nichts nur, weil es das Nicht, d. h. die Verneinung gibt? Oder liegt es umgekehrt? Gibt es die Verneinung und das Nicht nur, weil es das Nichts gibt?* – – Wir behaupten: *Das Nichts ist ursprünglicher als das Nicht und die Verneinung.* – – Wo suchen wir das Nichts? Wie finden wir das Nichts? – – Wir kennen das Nichts. – – *Die Angst offenbart das Nichts.* – – Wovor und warum wir uns ängsteten, war ›eigentlich‹ – nichts. In der Tat: das Nichts selbst – als solches – war da. – – *Wie steht es um das Nichts?* – – *Das Nichts selbst nichtet.*«

Um zu zeigen, daß die Möglichkeit der Bildung von Scheinsätzen auf einem logischen Mangel der Sprache beruht, stellen wir das untenstehende Schema auf. Die Sätze unter I sind sowohl grammatisch wie logisch einwandfrei,

2 *Die folgenden Zitate (Sperrungen im Original) sind entnommen aus: M. Heidegger, *Was ist Metaphysik?*, 1929. Wir hätten ebensogut Stellen aus irgendeinem anderen der zahlreichen Metaphysiker der Gegenwart oder der Vergangenheit entnehmen können; doch scheinen uns die ausgewählten Stellen unsere Auffassung besonders deutlich zu illustrieren.

also sinnvoll. Die Sätze unter II (mit Ausnahme von B 3) stehen grammatisch in vollkommener Analogie zu denen unter I. Die Satzform II A (als Frage und Antwort) entspricht zwar nicht den Forderungen, die an eine logisch korrekte Sprache zu stellen sind. Sie ist aber trotzdem sinnvoll, da sie sich in korrekte Sprache übersetzen läßt; das zeigt der Satz III A, der denselben Sinn wie II A hat. Die Unzweckmäßigkeit der Satzform II A zeigt sich dann darin, daß wir von ihr aus durch grammatisch einwandfreie Operationen zu den sinnlosen Satzformen II B gelangen können, die dem obigen Zitat entnommen sind. Diese Formen lassen sich in der korrekten Sprache der Kolonne III überhaupt nicht bilden. Trotzdem wird ihre Sinnlosigkeit nicht auf den ersten Blick bemerkt, da man sich leicht durch die Analogie zu den sinn-[230]vollen Sätzen I B täuschen läßt. Der hier festgestellte Fehler unserer Sprache liegt also darin, daß sie, im Gegensatz zu einer logisch korrekten Sprache, grammatische Formgleichheit zwischen sinnvollen und sinnlosen Wortreihen zuläßt. Jedem Wortsatz ist eine entsprechende Formel in der Schreibweise der Logistik beigefügt; diese Formeln lassen die unzweckmäßige Analogie zwischen I A und II A und die darauf beruhende Entstehung der sinnlosen Bildungen II B besonders deutlich erkennen.

Bei genauerer Betrachtung der Scheinsätze unter II B zeigen sich noch gewisse Unterschiede. Die Bildung der Sätze (1) beruht einfach auf dem Fehler, daß das Wort »nichts« als Gegenstandsname verwendet wird, weil man es in der üblichen Sprache in dieser Form zu verwenden pflegt, um einen negativen Existenzsatz zu formulieren (siehe II A). In einer korrekten Sprache dient dagegen zu dem gleichen

I. Sinnvolle Sätze der üblichen Sprache.	II. Entstehung von Sinnlosem aus Sinnvollem in der üblichen Sprache.	III. Logisch korrekte Sprache.
A. Was ist draußen? *dr (?)* Draußen ist Regen. *dr (Re)*	A. Was ist draußen? *dr (?)* Draußen ist nichts. *dr (Ni)*	A. Es gibt nicht (existiert nicht, ist nicht vorhanden) etwas, das draußen ist. $\sim (\exists x) \cdot dr(x)$
B. Wie steht es um diesen Regen? (d. h.: was tut der Regen? oder: was läßt sich über diesen Regen sonst noch aussagen?) *? (Re)*	B. »Wie steht es um dieses Nichts?« *? (Ni)*	B. *Alle diese Formen können überhaupt nicht gebildet werden.*
1. Wir kennen den Regen. *k (Re)*	1. »Wir suchen das Nichts«, »Wir finden das Nichts«, »Wir kennen das Nichts«. *k (Ni)*	
2. Der Regen regnet. *re (Re)*	2. »Das Nichts nichtet«. *ni (Ni)*	
	3. »Es gibt das Nichts nur, weil ...« *ex (Ni)*	

Zweck nicht ein besonderer *Name*, sondern eine gewisse *logische Form* des Satzes (siehe III A). Im Satz II B 2 kommt noch etwas Neues hinzu, nämlich die Bildung des bedeutungslosen Wortes »nichten«; der Satz ist also aus doppeltem Grunde sinnlos. Wir haben früher dargelegt, daß die bedeutungslosen Wörter der Metaphysik gewöhnlich dadurch entstehen, daß einem bedeutungsvollen Wort durch die metaphorische Verwendung in der Metaphysik die Bedeutung genommen wird. Hier dagegen haben wir einen der sel-[231]tenen Fälle vor uns, daß ein neues Wort eingeführt wird, das schon von Beginn an keine Bedeutung hat. Satz II B 3 ist ebenfalls aus doppeltem Grunde abzulehnen. In dem Fehler, das Wort »nichts« als Gegenstandsname zu benutzen, stimmt er mit den vorhergehenden Sätzen überein. Außerdem enthält er aber einen Widerspruch. Denn selbst, wenn es zulässig wäre, »nichts« als Name oder Kennzeichnung eines Gegenstandes einzuführen, so würde doch diesem Gegenstand in seiner Definition die Existenz abgesprochen werden, in Satz (3) aber wieder zugeschrieben werden. Dieser Satz würde also, wenn er nicht schon sinnlos wäre, kontradiktorisch, also unsinnig sein.

Angesichts der groben logischen Fehler, die wir in den Sätzen II B finden, könnten wir auf die Vermutung kommen, daß in der zitierten Abhandlung vielleicht das Wort »nichts« eine völlig andere Bedeutung haben soll als sonst. Und diese Vermutung wird noch bestärkt, wenn wir dort weiter lesen, daß die Angst das Nichts offenbare, daß in der Angst das Nichts selbst als solches da sei. Hier scheint ja das Wort »nichts« eine bestimmte gefühlsmäßige Verfassung, vielleicht religiöser Art, oder irgend etwas, das einem solchen Gefühl zugrunde liegt, bezeichnen zu sollen. Wäre das der Fall, so würden die genannten logischen Fehler in den Sätzen II B nicht vorliegen. Aber der Anfang des S. 229 gegebenen Zitates zeigt, daß diese Deutung nicht möglich ist. Aus der Zusammenstellung von »nur« und »und sonst nichts« ergibt sich deutlich, daß das Wort »nichts« hier die übliche Bedeutung einer logischen Partikel hat, die zum Ausdruck eines negierten Existenzsatzes dient. An diese

Einführung des Wortes »nichts« schließt sich dann unmittelbar die Hauptfrage der Abhandlung: »Wie steht es um dieses Nichts?«

Unser Bedenken, ob wir nicht vielleicht falsch gedeutet haben, wird aber vollständig behoben, wenn wir sehen, daß der Verfasser der Abhandlung sich durchaus klar darüber ist, daß seine Fragen und Sätze der Logik widerstreiten. »*Frage und Antwort* im Hinblick auf das Nichts sind gleicherweise in sich *widersinnig*. – – Die gemeinhin beigezogene Grundregel des Denkens überhaupt, der Satz vom zu vermeidenden Widerspruch, die allgemeine ›*Logik*‹, schlägt diese Frage nieder.« Um so schlimmer für die Logik! Wir müssen ihre Herrschaft stürzen: »Wenn so die Macht des *Verstandes* im Felde der Fragen nach dem Nichts und dem Sein gebrochen wird, dann entscheidet sich damit auch das Schicksal der Herrschaft der ›Logik‹ innerhalb der Philosophie. Die Idee der ›Logik‹ selbst [232] *löst sich auf* im Wirbel eines ursprünglicheren Fragens.« Wird aber die nüchterne Wissenschaft mit dem Wirbel eines widerlogischen Fragens einverstanden sein? Auch darauf ist schon die Antwort gegeben: »Die vermeintliche Nüchternheit und Überlegenheit der Wissenschaft wird zur Lächerlichkeit, wenn sie das Nichts nicht ernst nimmt.« So finden wir eine gute Bestätigung für unsere These; ein Metaphysiker kommt hier selbst zu der Feststellung, daß seine Fragen und Antworten mit der Logik und der Denkweise der Wissenschaft nicht vereinbar sind.

Der Unterschied zwischen unserer These und der der *früheren Antimetaphysiker* ist jetzt deutlich. Die Metaphysik gilt uns nicht als »bloßes Hirngespinst« oder »*Märchen*«. Die Sätze eines Märchens widerstreiten nicht der Logik, sondern nur der Erfahrung; sie sind durchaus sinnvoll, wenn auch falsch. Die Metaphysik ist kein »*Aberglaube*«; glauben kann man an wahre und an falsche Sätze, aber nicht an sinnlose Wortreihen. Auch nicht als »*Arbeitshypothesen*« kommen die metaphysischen Sätze in Betracht; denn für eine Hypothese ist das Ableitungsverhältnis zu (wahren oder falschen) empirischen Sätzen wesentlich, und das fehlt ja gerade bei Scheinsätzen.

Unter Hinweis auf die sog. *Beschränktheit des menschlichen Erkenntnisvermögens* wird zuweilen folgender *Einwand* erhoben, um die Metaphysik zu retten: die metaphysischen Sätze können zwar nicht vom Menschen oder sonst einem endlichen Wesen verifiziert werden; sie könnten aber vielleicht als Vermutungen darüber gelten, was von einem Wesen mit höherem oder gar vollkommenem Erkenntnisvermögen auf unsere Fragen geantwortet werden würde, und als Vermutungen wären sie doch immerhin sinnvoll. Gegen diesen Einwand wollen wir folgendes überlegen. Wenn die Bedeutung eines Wortes nicht angebbar ist, oder die Wortreihe nicht syntaxgemäß zusammengestellt ist, so liegt nicht einmal eine Frage vor. (Man denke etwa an die Scheinfragen: »Ist dieser Tisch babig?«, »Ist die Zahl Sieben heilig?«, »Sind die geraden oder die ungeraden Zahlen dunkler?«.) Wo keine Frage ist, kann auch ein allwissendes Wesen nicht antworten. Der Einwender wird nun vielleicht sagen: wie ein Sehender dem Blinden eine neue Erkenntnis mitteilen kann, so könnte ein höheres Wesen uns vielleicht eine metaphysische Erkenntnis mitteilen, z. B. ob die sichtbare Welt Erscheinung eines Geistes ist. Hier müssen wir überlegen, was »neue Erkenntnis« heißt. Wir können uns allerdings denken, daß wir Tiere treffen, die uns [233] von einem neuen Sinn berichten. Wenn diese

Wesen uns den *Fermat*schen Satz beweisen würden oder ein neues physikalisches Instrument erfinden würden oder ein bisher unbekanntes Naturgesetz aufstellen würden, so würde unsere Erkenntnis durch ihre Hilfe bereichert. Denn Derartiges können wir nachprüfen, wie ja auch der Blinde die ganze Physik (und damit alle Sätze des Sehenden) verstehen und nachprüfen kann. Wenn aber die angenommenen Wesen uns etwas sagen, was wir nicht verifizieren können, so können wir es auch nicht verstehen; für uns liegt dann gar keine Mitteilung vor, sondern bloße Sprechklänge ohne Sinn, wenn auch vielleicht mit Vorstellungsassoziationen. Durch ein anderes Wesen kann somit, gleichviel ob es mehr oder weniger oder alles erkennt, unsere Erkenntnis nur quantitativ verbreitert werden, aber es kann keine Erkenntnis von prinzipiell neuer Art hinzukommen. Was uns ungewiß ist, kann uns mit Hilfe eines andern gewisser werden; was aber für uns unverstehbar, sinnlos ist, kann uns nicht durch die Hilfe eines andern sinnvoll werden, und wüßte er noch so viel. Daher kann uns auch kein Gott und kein Teufel zu einer Metaphysik verhelfen.

6. Sinnlosigkeit aller Metaphysik

Die Beispiele metaphysischer Sätze, die wir analysiert haben, sind alle nur einer Abhandlung entnommen. Aber die Ergebnisse gelten in ähnlicher, zum Teil in wörtlich gleicher Weise auch für andere metaphysische Systeme. Wenn jene Abhandlung einen Satz von Hegel zustimmend zitiert (»Das reine Sein und das reine Nichts ist also dasselbe«), so besteht diese Berufung durchaus zu Recht. Die Metaphysik Hegels hat logisch genau den gleichen Charakter, den wir bei jener modernen Metaphysik gefunden haben. Und dasselbe gilt auch für die übrigen metaphysischen Systeme, wenn auch die Art ihrer Sprachwendungen und damit die Art der logischen Fehler mehr oder weniger von der Art der besprochenen Beispiele abweicht.

Weitere Beispiele für Analysen einzelner metaphysischer Sätze verschiedener Systeme hier beizubringen, dürfte nicht nötig sein. Es sei nur auf die häufigsten Fehlerarten hingewiesen.

Vielleicht die meisten der logischen Fehler, die in Scheinsätzen begangen werden, beruhen auf den logischen Mängeln, die dem Gebrauch des Wortes »*sein*« in unserer Sprache (und der entsprechenden Wörter in den übrigen, wenigstens den meisten europäischen Sprachen) anhaften. Der erste Fehler ist die Zweideutigkeit des Wortes »sein«; es wird einmal als Kopula vor einem Prädikat verwendet [234] (»ich bin hungrig«), ein andermal als Bezeichnung für Existenz (»ich bin«). Dieser Fehler wird dadurch verschlimmert, daß die Metaphysiker sich häufig über diese Zweideutigkeit nicht klar sind. Der zweite Fehler liegt in der Form des Verbums bei der zweiten Bedeutung, der *Existenz*. Durch die verbale

Form wird ein Prädikat vorgetäuscht, wo keines vorliegt. Man hat zwar längst schon gewußt, daß die Existenz kein Merkmal ist (vgl. Kants Widerlegung des ontologischen Gottesbeweises). Aber erst die moderne Logik ist hierin völlig konsequent: sie führt das Existenzzeichen in einer derartigen syntaktischen Form ein, daß es nicht wie ein Prädikat auf Gegenstandszeichen bezogen werden kann, sondern nur auf ein Prädikat (vgl. z. B. Satz III A in der Tabelle S. 230. Die meisten Metaphysiker seit dem Altertum haben sich durch die verbale und damit prädikative Form des Wortes »sein« zu Scheinsätzen verführen lassen, z. B. »ich bin«, »Gott ist«.

Ein Beispiel für diesen Fehler finden wir in dem »*cogito, ergo sum*« des Descartes. Von den inhaltlichen Bedenken, die gegen die Prämisse erhoben worden sind – ob nämlich der Satz »ich denke« adäquater Ausdruck des gemeinten Sachverhaltes sei oder vielleicht eine Hypostasierung enthalte –, wollen wir hier gänzlich absehen und die beiden Sätze nur vom formal-logischen Gesichtspunkt aus betrachten. Da bemerken wir zwei wesentliche logische Fehler. Der erste liegt im Schlußsatz »ich bin«. Das Verbum »sein« ist hier zweifellos im Sinne der Existenz gemeint; denn eine Kopula kann ohne Prädikat nicht gebraucht werden; das »ich bin« des Descartes ist ja auch stets in diesem Sinne verstanden worden. Dann verstößt aber dieser Satz gegen die vorhin genannte logische Regel, daß Existenz nur in Verbindung mit einem Prädikat, nicht in Verbindung mit einem Namen (Subjekt, Eigennamen) ausgesagt werden kann. Ein Existenzsatz hat nicht die Form »*a* existiert« (wie hier: »ich bin«, d. h. »ich existiere«), sondern »es existiert etwas von der und der Art«. Der zweite Fehler liegt in dem Übergang von »ich denke« zu »ich existiere«. Soll aus dem Satz »$P(a)$« (»dem *a* kommt die Eigenschaft *P* zu«) ein Existenzsatz abgeleitet werden, so kann dieser die Existenz nur in bezug auf das Prädikat *P*, nicht in bezug auf das Subjekt *a* der Prämisse aussagen. Aus »ich bin ein Europäer« folgt nicht »ich existiere«, sondern »es existiert ein Europäer«. Aus »ich denke« folgt nicht »ich bin«, sondern »es gibt etwas Denkendes«.

Der Umstand, daß unsere Sprachen die Existenz durch ein Verbum (»sein« oder »existieren«) ausdrücken, ist an sich noch kein logischer Fehler, sondern nur unzweckmäßig, gefährlich. Durch die verbale Form läßt man sich leicht zu der Fehlauffassung verführen, als sei die Existenz ein Prädikat; man kommt dann zu solchen logisch verkehrten und daher sinnlosen Ausdrucksweisen, wie wir sie soeben betrachtet haben. Denselben Ursprung haben auch solche Formen, wie »das Seiende«, das »Nicht-Seiende«, die ja seit jeher in der Metaphysik eine große Rolle gespielt haben. In einer logisch korrekten [235] Sprache lassen sich solche Formen gar nicht bilden. Wie es scheint, hat man in der lateinischen und in der deutschen Sprache, vielleicht durch das griechische Vorbild verführt, die Formen »ens« bzw. »seiend« eigens zum Gebrauche des Metaphysikers eingeführt; so machte man die Sprache logisch schlechter, während man glaubte, einen Mangel zu beheben.

Ein anderer sehr häufig vorkommender Verstoß gegen die logische Syntax ist die sog. »*Sphärenvermengung*« der Begriffe. Während der vorhin genannte Fehler darin besteht, daß ein Zeichen mit nichtprädikativer Bedeutung wie ein Prädikat verwendet wird, wird hier ein Prädikat zwar als Prädikat verwendet, aber als Prädikat einer anderen »Sphäre«; es liegt eine Verletzung der Regeln der sog. »Typentheorie« vor. Ein konstruiertes Beispiel hierfür ist der früher betrachtete Satz: »Caesar ist eine Primzahl«. Personennamen und Zahlwörter gehören zu verschiedenen logischen Sphären, und daher auch Personenprädikate (z. B. »Feldherr«) und Zahlenprädikate (»Primzahl«). Der Fehler der Sphärenvermengung ist, im Unterschied zu dem vorher erörterten Sprachgebrauch des Verbums »sein«, nicht der Metaphysik vorbehalten, sondern kommt schon in der Umgangssprache sehr häufig vor. Er führt hier aber selten zu Sinnlosigkeiten; die Mehrdeutigkeit der Wörter in bezug auf die Sphären ist hier von der Art, daß sie leicht beseitigt werden kann.

Beispiel: 1. »Dieser Tisch ist größer als jener.« 2. »Die Höhe dieses Tisches ist größer als die Höhe jenes Tisches.« Hier wird das Wort »größer« in (1) als Beziehung zwischen Gegenständen, in (2) als Beziehung zwischen Zahlen gebraucht, also für zwei verschiedene syntaktische Kategorien. Der Fehler ist hier unwesentlich; er könnte z. B. dadurch eliminiert werden, daß »größer$_1$« und »größer$_2$« geschrieben wird; »größer$_1$« wird dann aus »größer$_2$« dadurch definiert, daß Satzform (1) als gleichbedeutend mit (2) (und einigen anderen ähnlichen) erklärt wird.

Da die Sphärenvermengung in der Umgangssprache kein Unheil anrichtet, pflegt man sie überhaupt nicht zu beachten. Das ist für den gewöhnlichen Sprachgebrauch zwar zweckmäßig, hat aber in der Metaphysik unheilvolle Folgen gehabt. Hier hat man sich, verführt durch die Gewöhnung in der Alltagssprache, zu solchen Sphärenvermengungen verleiten lassen, die nicht mehr, wie die der Alltagssprache, in logisch korrekte Form übersetzt werden können. Scheinsätze dieser Art finden sich besonders häufig z. B. bei Hegel und bei Heidegger, der mit vielen Eigentümlichkeiten der Hegelschen Sprachform auch manche ihrer logischen Mängel mit übernommen hat. (Es werden z. B. Bestimmungen, die sich auf Gegenstände einer gewissen Art beziehen sollten, statt dessen auf eine Bestimmung [236] dieser Gegenstände oder auf das »Sein« oder das »Dasein« oder auf eine Beziehung zwischen diesen Gegenständen bezogen.)

Nachdem wir gefunden haben, daß viele metaphysische Sätze sinnlos sind, erhebt sich die Frage, ob es vielleicht doch einen Bestand an sinnvollen Sätzen in der Metaphysik gibt, der übrigbleiben würde, wenn wir die sinnlosen ausmerzen.

Man könnte ja durch unsere bisherigen Ergebnisse zu der Auffassung kommen, daß die Metaphysik viele Gefahren, in Sinnlosigkeit zu geraten, enthält, und daß man sich daher, wenn man Metaphysik betreiben will, bemühen müsse, diese Gefahren sorgfältig zu meiden. Aber in Wirklichkeit liegt die Sache so, daß es keine sinnvollen metaphysischen Sätze geben kann. Das folgt aus der Aufgabe, die die Metaphysik sich stellt: sie will eine Erkenntnis finden und darstellen, die der empirischen Wissenschaft nicht zugänglich ist.

Wir haben uns früher überlegt, daß der Sinn eines Satzes in der Methode seiner Verifikation liegt. Ein Satz besagt nur das, was an ihm verifizierbar ist. Daher kann ein Satz, wenn er überhaupt etwas besagt, nur eine empirische Tatsache besagen. Etwas, das prinzipiell jenseits des Erfahrbaren läge, könnte weder gesagt, noch gedacht, noch erfragt werden.

Die (sinnvollen) Sätze zerfallen in folgende Arten: Zunächst gibt es Sätze, die schon auf Grund ihrer Form allein wahr sind (»Tautologien« nach Wittgenstein; sie entsprechen ungefähr Kants »analytischen Urteilen«); sie besagen nichts über die Wirklichkeit. Zu dieser Art gehören die Formeln der Logik und Mathematik; sie sind nicht selbst Wirklichkeitsaussagen, sondern dienen zur Transformation solcher Aussagen. Zweitens gibt es die Negate solcher Sätze (*»Kontradiktionen«)*; sie sind widerspruchsvoll, also auf Grund ihrer Form falsch. Für alle übrigen Sätze liegt die

Entscheidung über Wahrheit oder Falschheit in den Protokollsätzen; sie sind somit (wahre oder falsche) *Erfahrungssätze* und gehören zum Bereich der empirischen Wissenschaft. Will man einen Satz bilden, der nicht zu diesen Arten gehört, so wird er automatisch sinnlos. Da die Metaphysik weder analytische Sätze sagen, noch ins Gebiet der empirischen Wissenschaft geraten will, so ist sie genötigt, entweder Wörter anzuwenden, für die keine Kriterien angegeben werden und die daher bedeutungsleer sind, oder aber bedeutungsvolle Wörter so zusammenzustellen, daß sich weder ein analytischer (bzw. kontradiktorischer) noch ein empirischer Satz ergibt. In beiden Fällen ergeben sich notwendig Scheinsätze. [237]

Die logische Analyse spricht somit das Urteil der Sinnlosigkeit über jede vorgebliche Erkenntnis, die über oder hinter die Erfahrung greifen will. Dieses Urteil trifft zunächst jede spekulative Metaphysik, jede vorgebliche Erkenntnis aus *reinem Denken* oder aus *reiner Intuition*, die die Erfahrung entbehren zu können glaubt. Das Urteil bezieht sich aber auch auf diejenige Metaphysik, die, von der Erfahrung ausgehend, durch besondere *Schlüsse* das außer oder *hinter der Erfahrung Liegende* erkennen will (also z. B. auf die neovitalistische These einer in den organischen Vorgängen wirkenden »Entelechie«, die physikalisch nicht erfaßbar sein soll; auf die Frage nach dem »Wesen der Kausalbeziehung« über die Feststellung gewisser Regelmäßigkeiten des Aufeinanderfolgens hinaus; auf die Rede vom »Ding an sich«). Weiter gilt das Urteil auch für alle *Wert- oder Normphilosophie*, für jede Ethik oder Ästhetik als normative Disziplin. Denn die objektive Gültigkeit eines Wertes oder einer Norm kann ja (auch nach Auffassung der Wertphilosophen) nicht empirisch verifiziert oder aus empirischen Sätzen deduziert werden; sie kann daher überhaupt nicht (durch einen sinnvollen Satz) ausgesprochen werden. Anders gewendet: Entweder man gibt für »gut« und »schön« und die übrigen in den Normwissenschaften verwendeten Prädikate empirische Kennzeichen an oder man tut das nicht. Ein Satz mit einem derartigen Prädikat wird im ersten Fall ein empirisches Tatsachenurteil, aber kein Werturteil; im zweiten Fall wird er ein Scheinsatz; einen Satz, der ein Werturteil ausspräche, kann man überhaupt nicht bilden.

Das Urteil der Sinnlosigkeit trifft schließlich auch jene metaphysischen Richtungen, die man unzutreffend als erkenntnistheoretische Richtungen zu bezeichnen pflegt, nämlich den *Realismus* (sofern er mehr besagen will als den empirischen Befund, daß die Vorgänge eine gewisse Regelmäßigkeit aufweisen, wodurch die Möglichkeit zur Anwendung der induktiven Methode gegeben ist) und seine Gegner: subjektiven *Idealismus*, Solipsismus, Phänomenalismus, *Positivismus* (im früheren Sinne).

Was aber bleibt denn für die *Philosophie* überhaupt noch übrig, wenn alle Sätze, die etwas besagen, empirischer Natur sind und zur Realwissenschaft gehören? Was bleibt, sind nicht Sätze, keine Theorie, kein System, sondern nur *eine Methode*, nämlich die der logischen Analyse. Die Anwendung dieser Methode haben wir in ihrem negativen Gebrauch im Vorstehenden gezeigt: Sie dient hier zur Ausmerzung bedeutungsloser Wörter, sinnloser Scheinsätze. In ihrem [238] positiven Gebrauch dient sie zur Klärung der sinnvollen Begriffe und Sätze, zur logischen Grundlegung der Realwissenschaft und der Mathematik. Jene negative Anwendung der Methode ist in der vorliegenden historischen Situation nötig und wichtig. Fruchtbarer, auch schon in der gegenwärtigen Praxis, ist aber die positive Anwendung; doch kann auf sie hier nicht näher eingegangen werden. Die angedeutete Aufgabe der logischen Analyse, der Grundlagenforschung, ist es, die wir unter »*wissenschaftlicher Philosophie*« im Gegensatz zur Metaphysik verstehen; an dieser Aufgabe wollen die meisten Beiträge dieser Zeitschrift arbeiten.

Die Frage nach dem logischen Charakter der Sätze, die wir als Ergebnis einer logischen Analyse erhalten, z. B. der Sätze dieser und anderer logischer Abhandlungen, kann hier nur andeutend dahin beantwortet werden, daß diese Sätze teils analytisch, teils empirisch sind. Diese Sätze über Sätze und Satzteile gehören nämlich teils der reinen *Metalogik* an (z. B. »eine Reihe, die aus dem Existenzzeichen und einem Gegenstandsnamen besteht, ist kein Satz«), teils der deskriptiven Metalogik (z. B. »die Wortreihe an der und der Stelle des und des Buches ist sinnlos«). Die Metalogik wird an anderer Stelle erörtert werden; dabei wird auch gezeigt werden, daß die Metalogik, die über die Sätze einer Sprache spricht, in dieser Sprache selbst formuliert werden kann.

7. Metaphysik als Ausdruck des Lebensgefühls

Wenn wir sagen, daß die Sätze der Metaphysik völlig sinnlos sind, gar nichts besagen, so wird auch den, der unseren Ergebnissen verstandesmäßig zustimmt, doch noch ein Gefühl des Befremdens plagen: sollten wirklich so viele Männer der verschiedensten Zeiten und Völker, darunter hervorragende Köpfe, so viel Mühe, ja wirkliche Inbrunst auf die Metaphysik verwendet haben, wenn diese in nichts bestände als in bloßen, sinnlos aneinandergereihten Wörtern? Und wäre es verständlich, daß diese Werke bis auf den heutigen Tag eine so starke Wirkung auf Leser und Hörer ausüben, wenn sie nicht einmal Irrtümer, sondern überhaupt nichts enthielten? Diese Bedenken haben insofern recht, als die Metaphysik tatsächlich etwas enthält; nur ist es kein theoretischer Gehalt. Die (Schein-)Sätze der Metaphysik dienen *nicht zur Darstellung von Sachverhalten*, weder von bestehenden (dann wären es wahre Sätze) noch von nicht bestehenden (dann wären es wenigstens falsche Sätze); sie dienen *zum Ausdruck des Lebensgefühls.* [338]

Vielleicht dürfen wir annehmen, daß es der *Mythus* ist, aus dem sich die Metaphysik entwickelt hat. Das Kind ist auf den »bösen Tisch«, der es gestoßen hat, zornig; der Primitive bemüht sich, den drohenden Dämon des Erdbebens zu versöhnen oder er verehrt die Gottheit des fruchtbringenden Regens in Dankbarkeit. Hier haben wir Personifikationen von Naturerscheinungen vor uns, die der quasidichterische Ausdruck für das gefühlsmäßige Verhältnis des Menschen zur Umwelt sind. Das Erbe des Mythus tritt einerseits die Dichtung an, die die Leistung des Mythus für das Leben mit bewußten Mitteln hervorbringt und steigert; andererseits die Theologie, in der der Mythus sich zu einem System entwickelt. Welches ist nun die historische Rolle der Metaphysik? Vielleicht dürfen wir in ihr den Ersatz für die Theologie auf der Stufe des systematischen, begrifflichen Denkens erblicken. Die (vermeintlich) übernatürlichen Erkenntnisquellen der Theologie werden hier ersetzt durch natürliche, aber (vermeintlich) über-empirische Erkenntnisquellen. Bei näherem Zusehen ist auch in dem mehrmals veränderten Gewand noch der gleiche Inhalt wie im Mythus zu erkennen: wir finden, daß auch die Metaphysik aus dem Bedürfnis entspringt, das Lebensgefühl zum Ausdruck zu bringen, die Haltung, in der ein Mensch lebt, die gefühls- und willensmäßige Einstellung zur Umwelt, zu den Mitmenschen, zu den Aufgaben, an denen er sich betätigt, zu den Schicksalen, die er erleidet. Dieses Lebensgefühl äußert sich, meist unbewußt, in allem, was der Mensch tut und sagt; es prägt sich auch in seinen Gesichtszügen, vielleicht auch in der Haltung seines Ganges aus. Manche Menschen haben nun das Bedürfnis, darüber hinaus noch einen besonderen Ausdruck für ihr Lebensgefühl zu gestalten, in dem es konzentrierter und eindringlicher wahrnehmbar wird. Sind solche Menschen künstlerisch befähigt, so finden sie in der Formung eines Kunstwerkes die Möglichkeit, sich auszudrücken. Wie sich in Stil und Art des Kunstwerkes das Lebensgefühl kundgibt, ist von verschiedenen schon klargelegt worden (z. B. von D i l t h e y und seinen Schülern). (Hierbei wird häufig der Ausdruck »Weltanschauung« gebraucht; wir vermeiden ihn lieber wegen seiner Zweideutigkeit, durch die der Unterschied zwischen Lebensgefühl und Theorie verwischt wird, der für unsere Analyse gerade entscheidend ist.) Hierbei ist für unsere Überlegung nur dies wesentlich, daß die Kunst das adäquate, die Metaphysik aber ein inadäquates Ausdrucksmittel für das Lebensgefühl ist. An und für sich wäre natürlich gegen die Verwendung irgendeines beliebigen Ausdrucksmittels nichts einzuwenden. Bei der Meta-[340]physik liegt jedoch die Sache so, daß sie durch die Form ihrer Werke etwas vortäuscht, was sie nicht ist. Diese Form ist die eines Systems von Sätzen, die in (scheinbarem) Begründungsverhältnis zueinander stehen, also die Form einer Theorie. Dadurch wird ein theoretischer Gehalt vorgetäuscht, während jedoch, wie wir gesehen haben, ein solcher nicht vorhanden ist. Nicht nur der Leser, sondern auch der Metaphysiker selbst befindet sich in der Täuschung, daß durch die metaphysischen Sätze etwas besagt ist, Sachverhalte beschrieben sind. Der Metaphysiker glaubt sich in dem Gebiet zu bewegen, in dem es um wahr und falsch geht. In Wirklichkeit hat er jedoch nichts ausgesagt, sondern nur etwas zum Ausdruck gebracht, wie ein Künstler. Daß der Metaphysiker sich in dieser Täuschung befindet, können wir nicht schon daraus entnehmen, daß er als Ausdrucksmedium die Sprache und als Ausdrucksform Aussagesätze nimmt; denn das gleiche tut auch der Lyriker, ohne doch jener Selbsttäuschung zu unterliegen. Aber der Metaphysiker führt für seine Sätze Argumente an, er verlangt Zustimmung zu ihrem Inhalt, er polemisiert gegen den Metaphysiker anderer Richtung, indem er dessen Sätze in seiner Abhandlung zu widerlegen sucht. Der Lyriker dagegen bemüht sich nicht, in seinem Gedicht die Sätze aus dem Gedicht eines anderen Lyrikers zu widerlegen; denn er weiß, daß er sich im Gebiet der Kunst und nicht in dem der Theorie befindet.

Vielleicht ist die Musik das reinste Ausdrucksmittel für das Lebensgefühl, weil sie am stärksten von allem Gegenständlichen befreit ist. Das harmonische Lebensgefühl, das der Metaphysiker in einem monistischen System zum Ausdruck bringen will, kommt klarer in Mozartscher Musik zum Ausdruck. Und wenn der Metaphysiker sein dualistisch-heroisches Lebensgefühl in einem dualistischen System ausspricht, tut er es nicht vielleicht nur deshalb, weil ihm die Fähigkeit Beethovens fehlt, dieses Lebensgefühl im adäquaten Medium auszudrücken? Metaphysiker sind Musiker ohne musikalische Fähigkeit. Dafür besitzen sie eine starke Neigung zum Arbeiten im Medium des Theoretischen, zum Verknüpfen von Begriffen und Gedanken. Anstatt nun einerseits diese Neigung im Gebiet der Wissenschaft zu betätigen und andererseits das Ausdrucksbedürfnis in der Kunst zu befriedigen, vermengt der Metaphysiker beides und schafft ein Gebilde, das für die Erkenntnis gar nichts und für das Lebensgefühl etwas Unzulängliches leistet.

Unsere Vermutung, daß die Metaphysik ein Ersatz, allerdings ein unzulänglicher, für die Kunst ist, scheint auch durch die Tatsache [241] bestätigt zu werden, daß derjenige Metaphysiker, der vielleicht die stärkste künstlerische Begabung besaß, nämlich Nietzsche, am wenigsten in den Fehler jener Vermengung geraten ist. Ein großer Teil seines Werkes hat vorwiegend empirischen Inhalt; es handelt sich da z. B. um die historische Analyse bestimmter Kunstphänomene, oder um die historisch-psychologische Analyse der Moral. In dem Werke aber, in dem er am stärksten das zum Ausdruck bringt, was andere durch Metaphysik oder Ethik ausdrücken, nämlich im »Zarathustra«, wählt er nicht die irreführende theoretische Form, sondern offen die Form der Kunst, der Dichtung.

Zusatz bei der Korrektur. Ich habe inzwischen zu meiner Freude bemerkt, daß auch von anderer Seite im Namen der Logik eine energische Ablehnung der modernen Nichts-Philosophie ausgesprochen worden ist. Oskar *Kraus* gibt in einem Vortrag (»Über Alles und Nichts«, Leipziger Rundfunk, 1. Mai 1930; Philos. Hefte 2, S. 140, 1931) einige Hinweise auf die historische Entwicklung der Nichts-Philosophie und sagt dann über Heidegger: »Die Wissenschaft würde sich lächerlich machen, wenn sie es [das Nichts] ernst nähme, –. Denn nichts bedroht das Ansehen aller philosophischen Wissenschaft ernstlicher als ein Wiederaufleben jener Nichts- und Alles-Philosophie.« Ferner macht *Hilbert* in einem Vortrag (»Die Grundlegung der elementaren Zahlenlehre«, Dez. 1930 in der Philos. Ges. Hamburg; Math. Ann. 104, S. 485, 1931) die folgende Bemerkung, ohne Heideggers Namen zu nennen: »In einem neueren philosophischen Vortrag finde ich den Satz: ›Das Nichts ist die schlechthinnige Verneinung der Allheit des Seienden‹. Dieser Satz ist deshalb lehrreich, weil er trotz seiner Kürze alle hauptsächlichen Verstöße gegen die in meiner Beweistheorie aufgestellten Grundsätze illustriert.«

Zu dieser Ausgabe

Der Text wird wiedergegeben nach:

Rudolf Carnap: Überwindung der Metaphysik durch logische Analyse der Sprache. In: Erkenntnis 2 (1931) S. 219–241.

Die Originalpaginierung wird in eckigen Klammern wiedergegeben. Die Rechtschreibung und Zeichensetzung folgt der Vorlage buchstaben- und zeichengenau.

Anmerkungen

7,2 *griechischen Skeptikern:* Gemeint sind vermutlich der die skeptische Richtung begründende Arkesilaos (um 315–241/240 v. Chr.), der die Platonische Akademie längere Zeit leitete und grundsätzlich bezweifelte, dass wir gesichertes Wissen hervorbringen können; auch Pyrrhon von Elis (um 362–275/270 v. Chr.); vor allem aber Sextus Empiricus (um 160–210 n. Chr.), der letzte identifizierbare Vertreter der skeptischen Schule.

7,2 f. *Empiristen des 19. Jahrhunderts:* In der Neuzeit wurden vor allem John Locke (1632–1704), George Berkeley (1685–1753) und David Hume (1711–1776) als Empiristen bezeichnet, die davon ausgingen, dass gesichertes Wissen nur aufgrund von Erfahrung gewonnen werden kann. Da Carnap hier aber die Empiristen des 19. Jahrhunderts anspricht, meint er vermutlich eher die Empiriokritizisten um Ernst Mach (1838–1916) und Richard Avenarius (1843–1896), die metaphysische Schlüsse über die Erfahrung hinaus ablehnten. Generell war Carnap kaum von den Empiristen des 18. Jahrhunderts beeinflusst. Seine Philosophie leitet sich vielmehr vom »Deutschen Empirismus« des 19. Jahrhunderts ab (Damböck, *Deutscher Empirismus*, Kap. 5).

11,4 f. *auf folgende Frage:* Die folgenden vier Formulierungen sind nur dann äquivalent, wenn man Ableitbarkeit und Wahrheit als synonyme Begriffe versteht. Diese für den Carnap des Wiener Kreises typische Vorgangsweise ist in der Logik heute unüblich und wurde auch von Carnap selbst in späteren Arbeiten verworfen.

11,16 f. W i t t g e n s t e i n ... *Wahrheitskriterium:* Gemeint ist das von Ludwig Wittgenstein (1889–1951) 1929 formulierte Prinzip, »wenn ich den Sinn des Satzes nie vollständig verifizieren kann, dann kann ich mit dem Satz auch nichts gemeint haben. Dann heißt der Satz auch gar nichts.« (L. W., *Ludwig Wittgenstein und der Wiener Kreis*, Gespräch: 22. Dezember 1929, S. 47.) Zu dieser als Verifikationsprinzip bekannt gewordenen Auffassung vgl. auch Friedrich Waismanns (1896–1959) Äußerung: »[Der] Sinn eines Satzes ist die Methode seiner Verifikation. [...] Eine Aussage, die nicht endgültig verifiziert werden kann, ist überhaupt nicht verifizierbar; sie entbehrt eben jeden Sinnes […].« (F. W., »Logische Analyse des Wahrscheinlichkeitsbegriffs«, S. 229.)

11,18–21 *eine ausführliche Darstellung der Metalogik … an anderer Stelle:* Die in Aussicht gestellte »ausführliche Darstellung der Metalogik« ist Carnaps *Logische Syntax der Sprache* (1934).

11,25 *Konstitution:* ein Schlüsselbegriff für Carnap, etwa in seinem *Der logische Aufbau der Welt* (1928), hier § 1 (S. 1): »Das Ziel der vorliegenden Untersuchungen ist die Aufstellung eines erkenntnismäßig-logischen Systems der Gegenstände oder der Begriffe, des ›Konstitutionssystems‹. […] Das Konstitutionssystem stellt sich nicht nur, wie andere Begriffssysteme, die Aufgabe, die Begriffe in verschiedene Arten einzuteilen und die Unterschiede und gegenseitigen Beziehungen dieser Arten zu untersuchen. Sondern die Begriffe sollen aus gewissen Grundbegriffen stufenweise abgeleitet, ›konstituiert‹ werden, so daß sich ein Stammbaum der Begriffe ergibt, in dem jeder Begriff seinen bestimmten Platz findet. Daß eine solche Ableitung aller Begriffe aus einigen wenigen Grundbegriffen möglich ist, ist die Hauptthese der Konstitutionstheorie, durch die sie sich am meisten von anderen Gegenstandstheorien unterscheidet.«

12,12 f. *Protokollsätzen:* Protokollsätze wurden Thema der zentralsten Debatte des Wiener Kreises, die aber erst nach der Niederschrift des vorliegenden Textes richtig Fahrt aufnahm. Protokollsätze sind Befunde über sinnlich wahrnehmbare Sachverhalte. In seinem Aufsatz sieht Carnap anders als in der von ihm später verteidigten Dingsprache, die nur Sätze über sinnlich wahrnehmbare Gegenstände und ihre Eigenschaften enthält, noch die Möglichkeit, Protokolle zu erstellen, die sich auf »Eigenpsychisches« (Gefühle, Erlebnisse) beziehen (s. als Einführung den Abschn. »Die Protokollsatzdebatte« in Damböck, *Der Wiener Kreis*, S. 73–131; dort sind drei der wichtigsten Aufsätze zum Thema abgedruckt, nämlich Otto Neuraths (1882–1945) »Protokollsätze« von 1932, Carnaps »Über Protokollsätze« von 1932 sowie Moritz Schlicks (1848–1925) »Über das Fundament der Erkenntnis« von 1934).

13,29 *psychologische Faktum:* Gemeint ist eigentlich das psychische (geistige) Faktum, nicht aber psychologische (einer bestimmten psychologischen Sichtweise zugehörige oder durch sie erklärbare) Faktum.

15,11 *Waismann, Logik, Sprache, Philosophie:* Der Text erschien erst postum als: Friedrich Waismann, *Logik, Sprache, Philosophie*, Stuttgart 1976.

19,25 *Emanation:* das Hervorgehen aus sich selbst als seinem Ursprung (von lat. *emanatio*, ›Ausfluss‹).

21,13 2. *»Caesar ist eine Primzahl.«:* In heute gängigen Spielarten der Logik wird sich der Satz (2) oft nicht als Scheinsatz identifizieren lassen, da man heute meist nur einen Individuenbereich ansetzt, in dem dann sowohl Cäsar als auch die Primzahlen enthalten sein müssten (so man beide Dinge formal-logisch als Individuen auffasst).

21,15 *Bindewort:* heute würde man sagen: ein Junktor.

21,15–17 *ein Prädikat stehe, also ein Substantiv (mit Artikel) oder ein Adjektiv:* genauer gesagt die Verbindung aus der Kopula (vgl. Anm. 31,25) »sein« und einem Substantiv bzw. einem Adjektiv.

22,3–5 *»a ist eine Primzahl« ist aber dann und nur dann falsch, wenn … teilbar ist:* denn die Definition für Primzahl lautet: Eine Primzahl ist eine natürliche Zahl *a*, die größer als 1 und nur durch sich selbst und durch 1 ganzzahlig teilbar ist.

24,26 *Heidegger, Was ist Metaphysik?:* Gemeint ist Martin Heideggers (1889–1976) *Was ist Metaphysik?* (1929, S. 3–11).

27,26 *S. 229:* hier S. 24 f.

27,30 *einer logischen Partikel:* in heutiger Sprache eine logische Konstante, wie »und«, »oder«, »nicht«, »es gibt ein«, »für alle gilt«. Logische Konstanten haben nur im Kontext einer Formel eine Bedeutung.

28,8–12 *»Frage und Antwort … schlägt diese Frage nieder.«:* Heidegger, *Was ist Metaphysik?*, S. 5.

28,13–18 *»Wenn so die Macht des Verstandes … im Wirbel eines ursprünglicheren Fragens.«:* Heidegger, *Was ist Metaphysik?*, S. 14.

28,20–23 *»Die vermeintliche Nüchternheit … nicht ernst nimmt.«:* Heidegger, *Was ist Metaphysik?*, S. 18.

30,1 *den Fermatschen Satz:* Damit ist das Theorem gemeint, dass die Gleichung $a^n + b^n = c^n$ für $n > 2$ keine Lösung in den natürlichen

Zahlen hat. Ein Beweis dieses Theorems wurde erst 1995 veröffentlicht.

31,6 *Hegel:* Georg Wilhelm Friedrich Hegel (1770–1831), einflussreichster Vertreter des sogenannten deutschen Idealismus.

31,7 *»Das reine Sein und das reine Nichts ist also dasselbe«:* Hegel, *Wissenschaft der Logik*, S. 83.

31,25 *Kopula:* lat. *copula*, ›das Band‹, auch Kopulaverb oder verbindendes Verb genannt, das selbst keinen Inhalt hat, sondern nur dazu dient, gemeinsam mit einem nichtverbalen Bestandteil (etwa einem Adjektiv) ein Prädikat zu bilden (im Deutschen werden »sein«, »werden« und »bleiben« als Kopula verstanden).

32,2 f. *daß die Existenz kein Merkmal ist:* Die hier angesprochene Widerlegung des ontologischen Gottesbeweises findet sich in Immanuel Kants (1724–1804) *Kritik der reinen Vernunft*, B620–B630, hier B626: »Sein ist offenbar kein reales Prädikat, d. i. ein Begriff von irgend etwas, was zu dem Begriffe eines Dinges hinzukommen könne. [...] Der Satz: Gott ist allmächtig, enthält zwei Begriffe, die ihre Objekte haben: Gott und Allmacht; das Wörtchen: ist, ist nicht noch ein Prädikat oben ein, sondern nur das, was das Prädikat beziehungsweise aufs Subjekt setzt. Nehme ich nun das Subjekt (Gott) mit allen seinen Prädikaten (worunter auch die Allmacht gehöret) zusammen, und sage: Gott ist, oder es ist ein Gott, so setze ich kein neues Prädikat zum Begriffe von Gott, sondern nur das Subjekt an sich selbst mit allen seinen Prädikaten, und zwar den Gegenstand in Beziehung auf meinen Begriff. Beide müssen genau einerlei enthalten, und es kann daher zu dem Begriffe, der bloß die Möglichkeit ausdrückt, darum, daß ich dessen Gegenstand als schlechthin gegeben (durch den Ausdruck: er ist) denke, nichts weiter hinzukommen.«

Kants Auffassung, dass »Existenz kein reales Prädikat ist«, steht im Zentrum von Carnaps Argumentation. Die klassische Prädikatenlogik führt Existenz, ganz im Sinne Kants, mittels des Quantors $\exists$ nur als »Copula eines Urteils« ein. $\exists x P(x)$ bedeutet: »Es gibt ein x, das die Eigenschaft P aufweist.« Diese Aussage kann wahr oder falsch sein. Enthält die Prädikatenlogik aber auch Individuenkonstanten a, dann müssen diese immer auch einen Gegenstand bezeichnen. Die Aussage $\exists x.x = a$ ist in der klassischen Prädikatenlogik also ein Axiom. Eine in diesem Sinn nichtklassische, existenzannahmenfreie Logik führte Carnap später selbst ein (in: *Bedeutung und Notwendigkeit*). Diese Logik enthält eine Individuenkonstante a^*, die einen nicht existierenden Gegenstand repräsentiert (S. 47).

Daran lässt sich die folgende logische Überlegung knüpfen: Betrachten wir das über die Formel $c = a^*$ definierte Prädikat $N(c)$. Dieses Prädikat steht augenscheinlich für die Nichtexistenz des Gegenstandes c, seine Negation für die Existenz von c, hat also die Funktion des von Kant und dem frühen Carnap verworfenen Existenzprädikats. Es wäre dann nicht ganz abwegig, das Prädikat N als formale Repräsentation von »nichten« aufzufassen. Betrachtet man überdies die Individuenkonstante a^* als formale Entsprechung des Namens »Nichts«, dann hätte man mit $N(a^*)$ eine nicht ganz unplausible Formalisierung von »Das Nichts nichtet« vorliegen. Diese Formel wäre allerdings, weil sie sich in $a^* = a^*$ auflösen lässt, eine Tautologie (also logisch wahr).

32,8 *S. 230:* hier S. 25 f.

32,12 f. *»cogito, ergo sum« des* D e s c a r t e s*:* Die berühmte Existenzzuschreibung zum »Ich« stammt von René Descartes (1596–1650), jedoch nicht in der Form als Folgerung (*ergo* für ›also‹) aus dessen *Meditationes de Prima Philosophia* (S. 74–77). Einen Folgerungszusammenhang (angezeigt durch frz. *donc* für ›also‹) konstatierte Descartes in seinem *Discours de la Méthode* (S. 64 f.): »Et remarquant que cette vérité: *je pense, donc je suis,* était si ferme et si assurée, que toutes les plus extravagantes suppositions des sceptiques n'étaient pas capables de l'ébranler, je jugeai que je pouvais la recevoir, sans scrupule, pour le premier principe de la philosophie, que je cherchais.« (»Und indem ich bemerkte, dass diese Wahrheit: *ich denke, also bin ich,* so fest und so sicher ist, dass sämtliche ausgefallensten Unterstellungen der Skeptiker nicht in der Lage sind, sie zu erschüttern, urteilte ich, dass ich sie ohne Bedenken als das erste Prinzip der Philosophie, die ich suchte, annehmen konnte.«)

Descartes steht hier als Vertreter einer von Carnap zu diesem Zeitpunkt noch abgelehnten existenzannahmenfreien Logik (s. Anm.

32,2 f.). In einer solchen Logik könnte *i* ein indexikalischer Name für mich oder »ich« sein, *D* die Eigenschaft, zu denken. Dann würde in einer Axiomatik, die festlegt, dass ein Gegenstand, der eine Eigenschaft aufweist, auch existiert, die Aussage $D(i) \rightarrow E(i)$ gelten –, als Gegenstück zu Descartes klassischer Formulierung.

32,16 *Hypostasierung:* eine abstrakte Qualität wird verdinglicht bzw. vergegenständlicht.

33,19 f. *»Sphärenvermengung« der Begriffe:* zentraler Begriff bei Carnap, vgl. dessen *Der logische Aufbau der Welt*, insb. §§ 30 f., hier § 30 (S. 39–41): »Der Ausdruck ›dankbar‹ scheint eindeutig zu sein, wenn er in seinem eigentlichen Sinne genommen wird (d. h. abgesehen von seiner [...] Anwendung im übertragenen Sinne, z. B. in bezug auf eine Aufgabe oder Arbeit). Wir pflegen aber nicht nur von einer Person zu sagen, daß sie dankbar sei, sondern auch von ihrem Charakter, von einem Blick, von einem Brief, von einem Volk. Nun gehört aber jeder dieser fünf Gegenstände einer anderen Sphäre an. Aus der Typentheorie folgt, daß Eigenschaften sphärenfremder Gegenstände selbst sphärenfremd sind. Es liegen hier also fünf zu einander sphärenfremde Begriffe ›dankbar‹ vor, deren Nichtunterscheidung zu Widersprüchen führen würde. [Bei] genaueren Begriffsunterscheidungen, die für erkenntnistheoretische und weiterhin für metaphysische Probleme von Bedeutung sind, muß diese Mehrdeutigkeit beachtet werden. Die Nichtbeachtung des Unterschiedes sphärenfremder Begriffe bezeichnen wir als ›Sphärenvermengung‹«.

33,24 f. *»Typentheorie«:* Gemeint ist die Logikauffassung nach Bertrand Russell (1872–1970) und Alfred North Whitehead (1861–1947) in ihrem Werk *Principia Mathematica* (1910–1913), in dem verschiedene Grundkategorien als »Typen« angesetzt werden, etwa Zahlen *Z*, Lebewesen *L* und unbelebte Gegenstände *U*. Hinzu kommen zu jedem dieser einfachen jeweils zusammengesetzte Typen: Merkmale von bzw. Beziehungen zwischen Gegenständen eines Typs sowie Merkmale von Merkmalen usw. Identitäten können nur zwischen Gegenständen desselben Typs vorliegen, Merkmale können nur Gegenstände des Typs betreffen, für den sie festgelegt sind. »Cäsar ist eine Primzahl« verletzt diese Typenregeln, weil Cäsar ein Objekt aus *L*, Primzahl zu sein aber ein Merkmal über *Z* ist. Dieser Satz kann also in der streng typisierten Sprache Russels nicht gebildet werden.

Allerdings könnte man einwenden, ob nicht die Abgrenzungen zwischen diesen Typen etwas Willkürliches haben (wo genau ist die Grenze zwischen *L* und *U*?). Aus diesem Grunde verzichten neuere Logiken meist auf eine strenge Typisierung und nehmen bewusst in Kauf, dass Sätze wie »Cäsar ist eine Primzahl« möglich sind: Diese sind dann in einem solchen System einfach falsche Sätze.

Analog dazu könnte man sich eine radikal flexible Logik denken, in der selbst ein in fast allen Logiken syntaxwidriger Satz wie »Cäsar ist und« syntaktisch möglich und nur semantisch als falsch zu identifizieren wäre. In einer solchen Logik wären auch Junktoren und Quantoren, neben Prädikaten und Individuen, Bestandteile eines umfassenden Gegenstandsbereichs, aus dem die Argumente von Prädikaten wie auch von wohlgeformten Formeln stammen. »Cäsar ist und« wäre dann ein sinnvoller, aber falscher Satz.

35,24 f. *»Tautologien« nach Wittgenstein ... Kants »analytischen Urteilen«:* Siehe Wittgenstein, *Logisch-Philosophische Abhandlung* (S. 48): »4.46 Unter den möglichen Gruppen von Wahrheitsbedingungen gibt es zwei extreme Fälle. In dem einen Fall ist der Satz für sämtliche Wahrheitsmöglichkeiten der Elementarsätze wahr. Wir sagen, die Wahrheitsbedingungen sind *tautologisch.* Im zweiten Fall ist der Satz für sämtliche *Wahrheitsmöglichkeiten* falsch: Die Wahrheitsbedingungen sind *kontradiktorisch.* Im ersten Fall nennen wir den Satz eine Tautologie, im zweiten Fall eine Kontradiktion.«

Siehe zudem Kant, *Kritik der reinen Vernunft*, B10: »In allen Urteilen, worin das Verhältnis eines Subjekts zum Prädikat gedacht wird, (wenn ich nur die bejahende erwäge, denn auf die verneinende ist nachher die Anwendung leicht,) ist dieses Verhältnis auf zweierlei Art möglich. Entweder das Prädikat B gehört zum Subjekt A als etwas, was in diesem Begriffe A (versteckter Weise) enthalten ist; oder B liegt ganz außer dem Begriff A, ob es zwar mit demselben in Verknüpfung steht. Im ersten Fall nenne ich das Urteil analytisch, in dem andern synthetisch. Analytische Urteile (die bejahende) sind also diejenige, in welchen die Verknüpfung des Prädikats mit dem Subjekt durch Identität, diejenige aber, in denen diese Verknüpfung ohne Identität gedacht wird, sollen synthetische Urteile heißen.«

35,27–29 *die Formeln der Logik und Mathematik ... dienen zur Transformation solcher Aussagen:* Im Hintergrund dieser Formulierung steht Carnaps Logizismus, demzufolge Aussagen der Logik und Mathematik weder etwas Wirkliches wiedergeben (wie dies im Platonismus der Fall wäre: nämlich Zahlen als Ideen) noch a priori gültige formale Zusammenhänge (Formalismus) oder Intuitionen (Intuitionismus), sondern Angaben darüber machen, wie man Wirklichkeitsaussagen formulieren und umformen kann. Verschiedene Logiken und verschiedene mathematische Theorien sind dann einfach unterschiedliche Vorschläge, solche Formulierungs- und Umformungsregeln zu gestalten.

36,22 f. *neovitalistische:* Neovitalismus, eine philosophische Richtung, die im Kontrast gegen mechanistische Erklärungsformen annimmt, dass den Kosmos zweckbestimmte, ganzheitliche Lebensprozesse prägen und er einer übergreifenden Gesetzmäßigkeit unterliegt (die Bezeichnung stammt von Emil du Bois-Reymond, 1818–1896, mit Bezug auf die Erneuerung des sogenannten Vitalismus).

36,24 *»Entelechie«:* ein Schlüsselbegriff des Vitalismus in der Biologie, etwa bei Hans Driesch (1867–1941), steht für ›Lebenskraft‹.

36,25 *Wesen der Kausalbeziehung:* Während in Kants *Kritik der reinen Vernunft*, B232 f., ein fundamentales Kausalgesetz als Grundlage aller Veränderung angesetzt wird (»Ich nehme wahr, daß Erscheinungen auf einander folgen, d. i. daß ein Zustand der Dinge zu einer Zeit ist, dessen Gegenteil im vorigen Zustande war. Ich verknüpfe also eigentlich zwei Wahrnehmungen in der Zeit. Ich bin mir […] nur bewußt, daß meine Imagination eines vorher, das andere nachher setze, nicht daß im Objekte der eine Zustand vor dem anderen vorhergehe, oder, mit anderen Worten, es bleibt durch die bloße Wahrnehmung das objektive Verhältnis der einander folgenden Erscheinungen unbestimmt. Damit dieses nun als bestimmt erkannt werde, muß das Verhältnis zwischen den beiden

Zuständen so gedacht werden, da dadurch als notwendig bestimmt wird, welcher derselben vorher, welcher nachher und nicht umgekehrt müsse gesetzt werden. Der Begriff aber, der eine Notwendigkeit der synthetischen Einheit bei sich führt, kann nur ein reiner Verstandesbegriff sein, der nicht in der Wahrnehmung liegt, und das ist hier der Begriff des Verhältnisses der Ursache und Wirkung«) ist für Carnap und andere logische Empiristen Kausalität nichts anderes als »regelmäßige Aufeinanderfolge«.

36,27 *Ding an sich:* Kant behauptet in seiner *Kritik der reinen Vernunft*, BXXVI f. einen Dualismus zwischen Erscheinung und Ding an sich, wobei Letzteres nur der transzendental schürfenden Vernunft zugänglich sei: »Daß Raum und Zeit nur Formen der sinnlichen Anschauung, also nur Bedingungen der Existenz der Dinge als Erscheinungen sind, daß wir ferner [...] von keinem Gegenstande als Dinge an sich selbst, sondern nur so fern es Objekt der sinnlichen Anschauung ist, d. i. als Erscheinung, Erkenntnis haben können, wird im analytischen Teile der Kritik bewiesen; woraus denn freilich die Einschränkung aller nur möglichen spekulativen Erkenntnis der Vernunft auf bloße Gegenstände der Erfahrung folgt. Gleichwohl wird, welches wohl gemerkt werden muß, doch dabei immer vorbehalten, daß wir eben dieselben Gegenstände auch als Dinge an sich selbst, wenn gleich nicht erkennen, doch wenigstens müssen denken können«. Anknüpfend an den Empiriokritizismus bei Mach und Avenarius verwerfen Carnap und andere logische Empiristen diese Idee und verpflichten sich stattdessen auf eine monistische Weltsicht, in der Dinge überhaupt nur als empirisch existieren.

37,1 f. *deduziert:* abgeleitet.

37,12 f. *erkenntnistheoretische Richtungen:* Die hier genannten wurden von Carnap später nicht mehr als sinnlos identifiziert; stattdessen spricht er in *Empirismus, Semantik und Ontologie* von »Rahmenwerken«, die mehr oder weniger »fruchtbar« sein können (S. 277 f.): »[Die] entscheidende Frage [ist] nicht die vorgebliche ontologische Frage der Existenz abstrakter Wesenheiten, sondern vielmehr die Frage, ob der Gebrauch abstrakter linguistischer Formen [...] sachdienlich und fruchtbar für die Zwecke ist, für die semantische

Analysen durchgeführt werden, nämlich die Analyse, Deutung, Klärung und Konstruktion von Mitteilungssprachen, besonders Wissenschaftssprachen. [...] Dogmatische Verbote gewisser linguistischer Formen zu dekretieren, statt sie auf ihren Erfolg oder Mißerfolg im praktischen Gebrauch zu prüfen, ist schlimmer als unnütz; es ist absolut schädlich, weil es den wissenschaftlichen Fortschritt hemmen kann.«

37,14–17 *will als den empirischen Befund, daß die Vorgänge eine gewisse Regelmäßigkeit aufweisen, wodurch die Möglichkeit zur Anwendung der induktiven Methode gegeben ist:* Klassische Induktion würde bedeuten, dass wir von einer mehrfach wahrgenommenen Regelmäßigkeit – an jedem von uns beobachteten Tag ging in der Frühe die Sonne auf – mit logischer Notwendigkeit auf eine allgemeingültige Aussage schließen können. A: »Jeden Tag (alle 24 Stunden) geht morgens die Sonne auf.« Carnap und andere logische Empiristen sehen für einen solchen logischen Schluss keine Grundlage, da die Gültigkeit von A nie bloß von empirischen Befunden abhängt (sonst handelte es sich ja nur um eine Aussage über vergangene Beobachtungen), sondern auch von der Gültigkeit intuitiver Annahmen über Regelmäßigkeiten in der Natur.

37,18 *subjektiven Idealismus:* der sogenannte deutsche Idealismus, also jene Periode zwischen dem Erscheinen von Kants *Kritik der reinen Vernunft* (Erstauflage 1781) und dem Tode Hegels 1831, mit Johann Gottlieb Fichte (1762–1814), Josef Schelling (1775–1854) und Hegel als wichtigsten Vertretern, die letztlich auf eine Neubegründung der Metaphysik zielten.

Solipsismus: nach lat. *solus ipse*, ›allein das Ich‹, eine in vielen Spielarten vertretene These, dass einzig und allein die Existenz des eigenen Ich als sichere Grundlage dienen kann.

37,18 f. *Phänomenalismus:* gründet die Erkenntnis und Erfahrung der Gegenstände auf sinnes- und empfindungsmäßige Wahrnehmung (die Sinnesdaten versteht der Phänomenalismus als unmanipuliertes Rohmaterial der Erkenntnis, das nicht hintergehbar ist). Von uns wahrgenommene Gegenstände sind demnach lediglich bloße Konstruktionen, »Phänomene«.

37,19 *Positivismus:* von lat. *positum*, ›gesetzt, gegeben‹, Methode, die sich im 19. Jahrhundert an naturwissenschaftliche Erkenntnisweisen anlehnte und nur das durch Sinne erfahrbare Gegebene als Ausgangspunkt für Erkenntnis akzeptiert (so etwa Auguste Comte, 1798–1857, der den Begriff prägte; siehe dessen *Discours sur l'esprit positif*, 1844).

37,22–24 *Was bleibt ... die der logischen Analyse:* Was für die Philosophie laut Carnap (*Logische Syntax der Sprache*, Kap. V) noch übrigbleibt, ist einzig die »Wissenschaftslogik«; diese ersetzt das, was früher als Philosophie bezeichnet wurde.

38,7 f. *dieser Zeitschrift:* Gemeint ist die Zeitschrift *Erkenntnis*, in dessen zweiter Nummer der vorliegende Aufsatz erstmals publiziert wurde. Sie war das wichtigste Publikationsorgan des Wiener Kreises und erschien von 1930 bis 1939 mit acht Nummern.

40,28 f. *von Dilthey und seinen Schülern:* also aus dem Kreis der sogenannten Lebensphilosophie als Form der Texterklärung bzw. Hermeneutik. Siehe etwa Wilhelm Dilthey (1833–1911), »Die Typen der Weltanschauung und ihre Ausbildung in den metaphysischen Systemen«, S. 75–118: Dort werden die metaphysischen Systeme als Produkt bestimmter psychischer Dispositionen beschrieben, ein Gedanke, den Carnap in seiner späten Philosophie logischer Rahmenwerke weiterentwickeln sollte. Carnap hatte bei dem Dilthey-Schüler Herman Nohl (1879–1960) studiert und war von weiteren der Dilthey-Schule zuzurechnenden Denkern wie Wilhelm Flitner (1889–1990), Franz Roh (1890–1965) und Hans Freyer (1887–1969) beeinflusst.

42,5–11 *Das harmonische Lebensgefühl ... in Mozartscher Musik ... dualistisch-heroisches Lebensgefühl ... Beethovens:* Zu den Analogien zwischen Monismus und Mozart sowie Dualismus und Beethoven ließ sich Carnap von seinem Lehrer Herman Nohl inspirieren. Vgl. Gabriel, »Dilthey, Carnap, Metaphysikkritik«, S. 129 f.

42,24–27 *daß derjenige Metaphysiker ... am wenigsten in den Fehler jener Vermengung geraten ist:* Diese Berufung auf Friedrich Nietzsche (1844–1900) ist auch deshalb bemerkenswert, weil der in diesem Aufsatz so stark kritisierte Heidegger sich seinerseits vielfach auf Nietzsche berufen und eine Philosophieauffassung vertreten hat, die kaum weniger als die Nietzsches von dem Naheverhältnis zwischen Philosophie und Dichtung inspiriert war. Was Heidegger für Carnap so brisant zu machen scheint, ist somit wohl vor allem die Tatsache, dass bei ihm der dichterische Standpunkt (den Nietzsche in Reinkultur vertritt) mit dem klassischen metaphysischen Standpunkt vermengt wird. (Vrahimis, »The Vienna Circle's Reception of Nietzsche«, bes. S. 19–23).

43,2 *Zarathustra:* Gemeint ist Nietzsches *Also sprach Zarathustra. Ein Buch für Alle und Keinen* (1882 bis 1885 verfasst), in dem Zarathustras in prophetisch-seherhafter Geste Erkenntnisse in Ich-Form verkündet.

43,8 *Oskar Kraus:* 1972–1942, böhmischer Philosoph, Anhänger einer Wertphilosophie in der Tradition von Franz Brentano (1838–1917), entschiedener Gegner der Einstein'schen Relativitätstheorie. In Prag war Kraus, trotz ihrer miteinander übereinstimmenden metaphysikkritischen Haltungen, einer von Carnaps schärfsten Gegnern vgl. Carnap, *Mein Weg in die Philosophie*, S. 128: »[Kraus stellte] meine Thesen über die Natur von Werturteilen als so gefährlich für die Moral der Jugend dar, daß er ernsthaft die Frage [erwog], ob es nicht seine Pflicht sei, die Behörden anzurufen, um mich ins Gefängnis zu bringen. Schließlich [ist] er aber zu dem Schluß gekommen, daß das nicht das Rechte sei, weil ich, obwohl meine Lehre ganz falsch sei, kein wirklich schlechter Mensch sei. Als wir später persönlich bekannt wurden, verstanden wir uns, ungeachtet unserer philosophischen Differenzen, sehr gut.«

43,15 *Hilbert:* der deutsche Mathematiker David Hilbert (1862–1943).

Literaturhinweise

Awodey, Steve / Carus, André W.: Carnap's Dream: Gödel, Wittgenstein, and Logical Syntax. In: Synthese 159 (2007) S. 23–45.

Carnap, Rudolf: Der logische Aufbau der Welt [1928]. Hamburg 1998. [Frühes Hauptwerk, das sich von späteren Positionen Carnaps durch die Annahme einer »eigenpsychischen« Basis und einer absoluten unveränderlichen Logik unterscheidet.]

– Wissenschaft und Leben. Vortrag für Dessau. 15. Oktober 1929. In: Rudolf Carnap Papers. University of Pittsburgh. RC 110–07–49. https://doi.org/10.48666/807581 [Vortrag am Bauhaus in Dessau, der die Grundideen von Carnaps nonkognitivistischer Ethik enthält.]

– Die Überwindung der Metaphysik durch logische Analyse der Sprache. Vortrag für Warschau. 29. November 1930. In: Rudolf Carnap Papers. University of Pittsburgh. RC 110–07–21. https://doi.org/10.48666/808173 [Vortrag, der die Grundlage des hier abgedruckten Aufsatzes bildet.]

– Theoretische Fragen und praktische Entscheidungen. In: Natur und Geist 2 (1934) S. 257–260. (Repr. in: Damböck, Der Wiener Kreis, S. 175–179.) [Reformulierung der im Dessauer Vortrag entwickelten ethischen Ideen.]

– Philosophie – Opium für die Gebildeten. 26. März 1934. In: Rudolf Carnap Papers. University of Pittsburgh. RC 110–08–17. https://doi.org/10.48666/807585 [In diesem Vortrag werden die politischen Perspektiven der Antimetaphysik beleuchtet.]

– Logische Syntax der Sprache [1934]. Wien 1968. [Zweites Hauptwerk, in dem das für Carnaps Spätwerk grundlegende »logische Toleranzprinzip« formuliert wird.]

– Von der Erkenntnistheorie zur Wissenschaftslogik. In: Actes du congrès international de philosophie scientifique. Facs. I. Paris 1936. S. 36–41. [Dieser und die folgenden beiden Aufsätze enthalten die reifste Fassung von Carnaps Empirismus, der auf einer Dingsprache basiert, die sich nur auf wahrnehmbare Objekte und Eigenschaften bezieht.]

– Über die Einheitssprache der Wissenschaft. In: Actes du congrès

international de philosophie scientifique. Facs. II. Paris 1936. S. 60–70.
- Wahrheit und Bewährung. In: Actes du congrès international de philosophie scientifique. Facs. IV. Paris 1936. S. 18–23.
- Empirismus, Semantik und Ontologie. In: R. C.: Bedeutung und Notwendigkeit [1950]. Wien 1972. S. 257–278. (Engl.: Empiricism, Semantics, and Ontology. In: R. C.: Meaning and Necessity [1950]. Chicago 1956. S. 205–221.] [Weiterentwicklung des in *Logische Syntax der Sprache* erstmals präsentierten Toleranzprinzips; Endfassung von Carnaps antimetaphysischer Philosophie.]
- The Aim of Inductive Logic. In: Ernest Nagel [u. a.]: Logic, Methodology, and Philosophy of Science. Stanford 1962. S. 303–318. [Grundideen der induktiven Logik.]
- Abraham Kaplan on Value Judgments. In: Paul Arthur Schilpp (Hrsg.): The Philosophy of Rudolf Carnap. La Salle (IL) 1963. S. 999–1013. [Hier werden Carnaps späte Auffassungen zur Wertphilosophie artikuliert.]
- Inductive Logic and Inductive Intuition. In: Imre Lakatos (Hrsg.): The Problem of Inductive Logic. Proceedings of the International Colloquium in the Philosophy of Science. London 1965. Bd. 2. Amsterdam 1968. S. 258–267. [Eine der letzten Arbeiten Carnaps, die wichtige Ergänzungen zu »The Aim of Inductive Logic« enthält.]
- Mein Weg in die Philosophie [1963]. Stuttgart 1993. [Carnaps Autobiographie und ein spätes Interview, in dem er ein Resümee seines Denkens zieht.]
- Scheinprobleme in der Philosophie und andere metaphysikkritische Schriften. Hamburg 2004.
- Value Concepts (1958). In: Synthese 194 (2017) S. 185–194. (Engl.: Rudolf Carnap Papers. University of Pittsburgh. RC 089-14-01. https://doi.org/10.48666/828973 [Dieser Text, in dem die im Nachwort sogenannte Weltformel Carnaps vorgestellt wird, hätte eigentlich am Ende von »Abraham Kaplan on Value Judgments« stehen sollen.]
- Tagebücher 1908–1919. Hamburg 2022. https://doi.org/10.48666/808482

– Tagebücher 1920–1935. Hamburg 2022. https://doi.org/10.48666/808483
Celan, Paul: Die Gedichte aus dem Nachlass. Frankfurt a. M. 1997.
Dahms, Hans-Joachim: Rudolf Carnap. Philosoph der Neuen Sachlichkeit. In: Damböck/Wolters, Der junge Carnap in historischem Kontext 1918–1935, S. 75–105.
Damböck, Christian (Hrsg.): Der Wiener Kreis. Ausgewählte Texte. Stuttgart 2013.
– Deutscher Empirismus. Studien zur Philosophie im deutschsprachigen Raum 1830–1930. Cham 2017.
– Die Entwicklung von Rudolf Carnaps Antimetaphysik, vor und nach der Emigration. In: Beck, Max / Coomann, Nicholas (Hrsg.): Historische Erfahrung und begriffliche Transformation. Deutschsprachige Philosophie im Exil in den USA 1933–1945. Wien 2018. S. 37–60.
– The Politics of Carnap's Non-Cognitivism and the Scientific World-Conception of Left-Wing Logical Empiricism. In: Perspectives on Science (2021). https://doi.org/10.1162/posc_a_00372
– / Wolters, Gereon (Hrsg.): Der junge Carnap in historischem Kontext 1918–1935. Cham 2021.
– Carnap's Noncognitivism: Paths and Influences. In: Richardson/Tuboly, Interpreting Carnap.
– / Sandner, Günther / Werner, Meike (Hrsg.): Logischer Empirismus, Lebensreform und die deutsche Jugendbewegung. Cham 2022.
Descartes, René: Discours de la Méthode pour bien conduire sa raison et chercher la vérité dans les sciences. Bericht über die Methode, die Vernunft richtig zu führen und die Wahrheit in den Wissenschaften zu erforschen. Frz./Dt. Übers. und hrsg. von Holger Ostwald. Bibliogr. erg. Aufl. Stuttgart 2019.
– Meditationes de Prima Philosophia. Meditationen über die Erste Philosophie. Lat./Dt. Übers. von Andreas Schmidt. Nachw. von Gregor Betz. Stuttgart 2020.
Dilthey, Wilhelm: Die Typen der Weltanschauung und ihre Ausbildung in den metaphysischen Systemen. In: W. D.: Weltanschauungslehre. Stuttgart 1991.
Michael Friedman: Reconsidering Logical Positivism. Cambridge 1999.

– / Creath, Richard (Hrsg.): The Cambridge Companion to Carnap. Cambridge 2007.
Flocke, Vera: Carnap is Not Against Metaphysics. In: Richardson/Tuboly, Interpreting Carnap.
Gabriel, Gottfried: Dilthey, Carnap, Metaphysikkritik und das Problem der Realität der Außenwelt. In: Damböck, Christian / Lessing, Hans-Ulrich (Hrsg.): Dilthey als Wissenschaftsphilosoph. Freiburg: Verlag Karl Alber 2016. S. 119–142.
Hegel, Georg Wilhelm Friedrich: Werke. Bd. 5: Wissenschaft der Logik. Frankfurt a. M. 1979.
Heidegger, Martin: Was ist Metaphysik? Bonn 1929. (Repr. in: Wegmarken. Frankfurt a. M. 1978. S. 103–121.)
– Einführung in die Metaphysik. Gesamtausg. II. Abt.: Vorlesungen 1923–1944. Bd. 40. Frankfurt a. M. [2]2020. [1935 von Heidegger gehaltene und 1953 selbst veröffentlichte Vorlesung.]
Kant, Immanuel: Kritik der reinen Vernunft. Hrsg. von Ingeborg Heidemann. Stuttgart 2022.
Kellerer, Sidonie: Heideggers Zerstörung der Vernunft. Hamburg 2022.
Kelsen, Hans: Verteidigung der Demokratie. Tübingen 2006.
Leitgeb, Hannes / Carus, André W.: Rudolf Carnap. 5. Mai 2020. In: Stanford Encyclopedia of Philosophy. https://plato.stanford.edu/entries/carnap/
Richardson, Alan / Tuboly, Adam Tamas (Hrsg.): Interpreting Carnap. Cambridge [in Vorbereitung].
Roh, Franz: Nach-Expressionismus. Magischer Realismus. Probleme der neuesten Europäischen Malerei. Leipzig 1925.
Russell, Bertrand / Whitehead, Alfred N.: Principia Mathematica. 3 Bde. Cambridge 1910–1913.
Thomasson, Amie: Carnap and the Prospects for Easy Ontology. In: Blatti, Stephan / Lapointe, Sandra (Hrsg.): Ontology After Carnap. Oxford 2016. S. 122–144.
Uebel, Thomas: Was bedeutet Carnaps ›Reinigung‹ der Erkenntnistheorie?. In: Damböck/Wolters, Der junge Carnap in historischem Kontext 1918–1935, S. 127–148.
Vrahimis, Andreas: The Vienna Circle's Reception of Nietzsche. In:

Journal for the History of Analytical Philosophy 8 (2020) Nr. 9. https://doi.org/10.15173/jhap.v8i9.4276
Waismann, Friedrich: Logische Analyse des Wahrscheinlichkeitsbegriffs. In: Erkenntnis 1 (1930/31) S. 228–248.
– Logik, Sprache, Philosophie. Stuttgart 1976.
Wittgenstein, Ludwig: Logisch-Philosophische Abhandlung. Tractatus Logico-Philosophicus. Stuttgart 2022.
– Werkausgabe. Bd. 3: Ludwig Wittgenstein und der Wiener Kreis. Gespräche. Aufgezeichnet von Friedrich Waismann. Hrsg. von B. F. McGuinness. Frankfurt a. M. 1984.
Verein Ernst Mach (Hrsg.): Wissenschaftliche Weltauffassung. Der Wiener Kreis. Wien 1929. (Repr. in: Damböck, Der Wiener Kreis, S. 7–32.)

Nachwort

1 Wer war Rudolf Carnap?

Geboren 1891 in Wuppertal, verbrachte Carnap seine Kindheit ebendort. Er studierte in Jena und Freiburg Philosophie, Mathematik und Physik, unter anderem bei Gottlob Frege (1848–1925), Bruno Bauch (1847–1942) und Heinrich Rickert (1863–1936). Das auch durch Carnaps Aktivitäten in der deutschen Jugendbewegung geprägte Studium wurde unterbrochen vom Ersten Weltkrieg, in dem er drei Jahre an der Front diente.

1917 heiratete Carnap seine erste Frau Elisabeth Schöndube (1895–1987) und ging nach dem Krieg nach Buchenbach bei Freiburg, wo er auf dem Gut der Familie seiner Frau einige Jahre lebte und sein erstes philosophisches Hauptwerk *Der logische Aufbau der Welt* verfasste. Mit dieser Arbeit habilitierte er sich auf Einladung von Moritz Schlick (1848–1925) in Wien, wohin er 1926 übersiedelte.

Als Privatdozent in Wien und, ab 1931, als außerordentlicher Professor an der deutschen Universität Prag, wurde Carnap, neben Schlick und Otto Neurath (1882–1945), zum wichtigsten Vertreter der Philosophie des Wiener Kreises. Dabei stand er im regen Austausch mit Philosophen im Umfeld des Kreises, etwa mit Ludwig Wittgenstein (1889–1951), Karl Raimund Popper (1902–1994), Hans Reichenbach (1891–1953) und Willard Van Orman Quine (1908–2000).

In Wien lernte Carnap 1930 auch seine zweite Frau, Elisabeth Ina Stöger (1904–1964), kennen, mit der er gemeinsam Ende 1935 in die USA emigrierte und dort den Rest seiner Laufbahn als weltweit angesehener Universitätsprofessor erst an der University of Chicago (bis 1952), dann in Princeton und schließlich, von 1954 bis zu seinem Tod im Jahr 1970, in Los Angeles (bis 1962 als Professor an der UCLA) verbrachte.

Carnap konzentrierte sich auf die streng wissenschaftliche Bearbeitung philosophischer Probleme, in seinem Fall unter Verwendung der mathematischen Logik. Damit steht er für eine Professionalisierung der Philosophie, die für die analytische Philosophietradition insgesamt charakteristisch ist: Dabei verliert die Philosophie zwar ihre Rolle in der Öffentlichkeit, sie hört deshalb aber nicht auf, für die Praxis relevant zu sein.

Zwar wurde diese Praxisrelevanz der Philosophie des Wiener Kreises im Allgemeinen und Carnaps im Besonderen in der zweiten Hälfte des vorigen Jahrhunderts weitgehend übersehen, sie wird aber jüngst in der Beschäftigung mit den Quellentexten wiederentdeckt. Dazu zählen, neben den frühen Hauptwerken *Der logische Aufbau der Welt* (1928) und *Logische Syntax der Sprache* (1934) sowie dem von Carnap mitverfassten Manifest des Wiener Kreises (d.i. Verein Ernst Mach, *Wissenschaftliche Weltauffassung*) vor allem Carnaps antimetaphysische Schriften (deren wichtigste der hier edierte Text darstellt) und seine umfangreichen Tagebücher.

Wie lautet nun die Botschaft von Carnaps logizistischer Philosophie, die man als philosophische Anleitung für eine gelungene Lebenspraxis verstehen könnte? Um diese Frage anhand des hier edierten Textes zu beantworten, gilt es zwei Besonderheiten Rechnung zu tragen:

Carnap hat sich nie als einsamer Denker gesehen, dessen Ideen in einem geistlosen Umfeld aufleuchten. Seine Philosophie ist Ausdruck der Weltanschauung des Wiener Kreises, die er gemeinsam mit anderen entwickelt hat, allen voran dem kongenialen Otto Neurath. Es gilt also, Carnaps Denken vor dem Hintergrund der sozialen Gruppe, in der es entstanden ist, als Weltanschauung des Wiener Kreises zu verstehen (Abschn. 2).

Die zweite Besonderheit betrifft den hier edierten Text selbst. Zwar wird dieser aufgrund seines klaren und provokanten Stils zu Recht bis heute als Visitenkarte von Carnaps Philosophie verstanden. Das darf aber nicht darüber hinwegtäuschen, dass ein Großteil der darin formulierten Positionen schon kurz nach der Veröffentlichung überholt waren. Gerade in den frühen 1930er Jahren entwickelten sich die Positionen des Wiener Kreises sehr schnell und umfassend weiter, und auch im Spätwerk in der Emigration sollte sich Carnaps Antimetaphysik nochmals verfeinern. Um zu sehen, in welcher Form die Grundhaltung unverändert geblieben ist, wo aber später substantielle Verbesserungen stattgefunden haben, ist es erforderlich, den ursprünglichen Text von 1931 im Kontext späterer Modifikationen zu lesen (vgl. hier Abschn. 4).

Da somit für diesen Text wie für wenige andere gilt, dass der Kontext wichtiger ist als die Sache selbst, kann der zwischengeschaltete Überblick über die Grundideen des Textes (Abschn. 3) eher kurz ausfallen.

2 Die Weltanschauung des Wiener Kreises (in Carnaps Version)

Die Weltanschauung des Wiener Kreises setzt sich zusammen aus (a) einem modernen Empirismus und (b) einem Nonkognitivismus in Bezug auf Theorien, Werte und sonstige Einstellungen.

(a) Moderner Empirismus, wie er im Wiener Kreis formuliert wurde, berührt sich nur auf den ersten Blick mit der alten Anschauung David Humes (1711–1776), entsprechend der sich Erkenntnis in Empirie und Mathematik erschöpft.

Zwar teilt der Wiener Kreis die Anschauung Humes, dass es neben mathematischen und empirischen Sachverhalten keine weitere Quelle der Erkenntnis gibt: Das kantische synthetische Urteil a priori, also ein Urteil, das notwendig wahr ist, ohne gleichzeitig logisch notwendig zu sein, wird als metaphysisches Unding abgelehnt. Hier ganz im Einklang mit Hume, Auguste Comte (1798–1857), John Stuart Mill (1806–1873) und anderen klassischen Empiristen, lehnt der Wiener Kreis doch deren epistemischen Absolutismus ab und identifiziert diesen als einen in zwei Richtungen fatal wirkenden Psychologismus. Hume und seine Nachfolger gehen nämlich davon aus, dass der menschliche Verstand, respektive die menschliche Psyche einen direkten und unmittelbaren Zugang zum »Gegebenen« besitzt. So stiften sinnliche Wahrnehmungen absolutes Wissen um raumzeitliche Sachverhalte, die sich in der Gestalt von Kopien dieser Sachverhalte als unveränderliche Ideen im Gehirn festsetzen. Unser mathematisches Denken wiederum versetzt uns in die Lage, ›Beziehungen von

Ideen‹ in absoluter Weise von vornherein bzw. a priori zu erfassen.

Im Gegensatz dazu sieht der Wiener Kreis psychische Vorgänge nur als für sich genommen empirische und dadurch veränderliche, vorläufige, für Täuschung und Fehler anfällige bzw. fallible Erkenntnisgrundlagen. Das Gegebene liegt damit, für den Wiener Kreis, nicht in psychischen Inhalten, sondern in den die Erkenntnis stiftenden Sachverhalten selbst vor. Diese zerfallen in zwei Kategorien, nämlich in

(a1) sinnlich wahrnehmbare Gegenstände und Merkmale und
(a2) logische Beziehungen.

(a1) Grundlage der empirischen Erkenntnis sind solche Sachverhalte, die der sinnlichen Wahrnehmung zugänglich sind. Das umfasst etwa Bäume und Tische, Farben, Formen und Klänge, menschliche Verhaltensweisen, nicht aber: Atome, Elektronen und Strings, Vorstellungen und Gefühle. Letztere Objekte können empirisch immer nur vermittelt wahrgenommen werden, indem man sie (wie bei der atomaren und subatomaren Wirklichkeit) durch technische Gerätschaften manipuliert und sichtbar macht oder indem man sie (wie bei Vorstellungen und Gefühlen) an den Verhaltensweisen und Berichten anderer sowie etwa indirekt durch bildgebende Verfahren bzw. an messbaren neuronalen Vorgängen abliest.

Das ermöglicht es uns, auch den nicht sichtbaren Teil der Wirklichkeit im Sichtbaren zu thematisieren: anhand von Maschinen (wie etwa Messgeräten, Mikroskopen oder

Computern) sowie von Erscheinungsformen des ›Eigenpsychischen‹ im ›Fremdpsychischen‹, also im Verhalten und den Äußerungen und Hirnströmen von Personen, die Psychisches raumzeitlich erfahrbar machen.

Um die sinnlich wahrnehmbare Welt epistemisch transparent zu machen, schlägt Carnap eine sogenannte *Dingsprache* vor, die aus Wörtern für sinnlich wahrnehmbare Gegenstände und deren sinnlich wahrnehmbaren Eigenschaften besteht. Ein Befund in dieser Sprache (Protokoll) kann von einer Einzelperson oder einer Gruppe erstellt werden. Um als Grundlage empirischer Untersuchungen gelten zu können, muss er hinreichend abgesichert sein, etwa dadurch, dass die Personen, die ihn erstellen, als vertrauenswürdig gesehen werden.

Idealerweise sollte ein Befund in der Dingsprache aber auch nachprüfbar sein, etwa indem er einen länger bestehenden und daher immer wieder protokollierbaren Sachverhalt darstellt – Wien liegt gestern, heute und morgen an der Donau – oder eine reproduzierbare experimentelle Anordnung – der Apfel fällt zu Boden, wenn man ihn loslässt. Protokolle zu formulieren und sich über das Ausmaß ihrer Verlässlichkeit zu verständigen ist aber letztlich keine Sache der Philosophie: »die Protokollsätze aufzustellen, ist Sache des beobachtenden, protokollierenden Physikers«.[1]

(a2) Neben dem sinnlich Wahrnehmbaren liegt das zweite Gegebene in der Gestalt von logischen und mathematischen Axiomen vor, die konventionelle Festsetzungen der Wissenschaft darstellen. Der Wiener Kreis folgt hier Gott-

1 Carnap, *Logische Syntax der Sprache*, S. 244.

lob Freges Erkenntnis, dass die Notwendigkeit mathematischer Urteile nicht in einer psychischen Fähigkeit der Urteilenden (etwa in der mathematischen Intuition), sondern in der Tatsache liegt, dass diese Urteile mittels festgesetzter Umformungsregeln aus bestimmten Axiomen abgeleitet werden können. Bei empirischen wie bei mathematischen Urteilen ist es entscheidend, dass es eine *objektive*, weil subjektunabhängige Quelle gibt: Und dies sind raumzeitliche Sachverhalte auf der einen, Axiome und Umformungsregeln auf der anderen Seite. *Wissen* ist nur möglich als Wissen über objektive empirische oder logische Fakten.

Ein empirischer (synthetischer) oder logischer (analytischer) Satz ist wahr, weil und wenn er seine objektive Grundlage korrekt wiedergibt (den Sachverhalt, den Status der Analytizität). Insofern steckt in diesen Urteilen nichts Willkürliches, nichts, das von der Einstellung oder Werthaltung der beteiligten Wissenschafterinnen und Wissenschaftler abhängig wäre. Dabei ist es unzweifelhaft klar, dass alle empirischen und logischen Urteile dennoch Irrtümern oder bewussten Fälschungen aufsitzen können. Doch stehen anders als bei Urteilen ohne objektive Grundlage hier die Türen einer nachträglichen Überprüfung offen.

(b) In einem Punkt stimmt die Weltanschauung des Wiener Kreises, wie eingangs erwähnt, völlig mit Hume und anderen klassischen Empiristen überein, nämlich in der Auffassung, dass es neben empirischen Protokollen und analytischen Beweisen keine andere Kategorie von Aussagen gibt, denen man objektive Wahrheit zuschreiben kann. Strenggenommen ist also jede Aussage, die weder ein Protokoll noch eine mathematische Tautologie ist, nicht wahrheitsfähig bzw. sinnlos.

In diesem strengsten Sinn wird dies zumindest von Wittgensteins Verifikationsprinzip behauptet (siehe Anm. 11,16 f.). Allerdings wurde dieses Prinzip im Wiener Kreis am Ende nur in modifizierter Form akzeptiert. Der Grund dafür liegt darin, dass eine restriktive Anwendung des Verifikationsprinzips im Sinne einer Ausschaltung nicht vollständig verifizierbarer Sätze die bizarre Konsequenz nach sich ziehen würde, dass praktisch jede wissenschaftliche Theorie als inakzeptable Aussage zu verbannen wäre, enthalten doch Theorien in der Regel generalisierende Sätze – »Jeden Tag geht die Sonne auf« – die nie endgültig und vollständig verifiziert werden können.

Man verwarf deshalb im Wiener Kreis die strenge Bezeichnung solcher Sätze als »sinnlos« und wählte stattdessen den Ausdruck »nonkognitiv«: Im Hintergrund dieser neuen Bezeichnung steht die Idee, dass vollständig verifizierbare (bzw. eindeutig falsifizierbare) sowie logisch wahre oder falsche Sätze insofern epistemisch eindeutig sind, als dass sie im Prinzip einer vollständigen *kognitiven* Abschätzung zugänglich sind. Unter der Voraussetzung, dass wir keine empirischen oder logischen Fehler machen, *wissen* wir nach Anwendung empirischer und logischer Methoden genau, ob diese Sätze wahr oder falsch sind.

Beispiele für solche wahrheits- und wissensfähige Sätze bilden auf der einen Seite mathematische Theoreme, die wir eindeutig beweisen oder widerlegen können: $\sqrt{25} = 5$, der Umfang eines Kreises ist das Produkt des Durchmessers mit der Zahl π.

Auf der anderen Seite sind es Protokollsätze, die sich auf

wahrnehmbare Dinge und Merkmale beziehen: Wien liegt an der Donau, der Mond besteht (nicht) aus grünem Käse, dieser Tisch hat nur drei Beine.

Alle Aussagen, die sich nicht eindeutig in der skizzierten Weise als (negierte) logische Theoreme oder Protokollsätze identifizieren lassen, sind insofern nonkognitiv als sie einer vollständigen kognitiven Erfassung eines Wahrheitswertes unzugänglich sind.

Das Spektrum dieser Aussagen ist sehr breit: Es umfasst die grundlegenden Sätze (Axiome) der Metaphysik, der Ethik und Ästhetik, aber auch alle wissenschaftlichen Theorien, die sich nicht als singuläre und vollständig verifizierbare Prognosen identifizieren lassen, alle Intuitionen und abstrakten Annahmen der Wissenschaft überhaupt.

Mit dieser Erkenntnis verlagerte sich aber die Fragestellung gegenüber Wittgensteins Verifikationsprinzip radikal. Der Wiener Kreis, leider durch die Emigration behindert, feilte an einer Strategie, die nonkognitiven (vormals: sinnlosen) Aussagen in kognitive einzubetten und sie, ohne ihren nonkognitiven Charakter zu verkennen, in einem möglichst großen Ausmaß mit kognitiven Inhalten zu verknüpfen.

Einfachstes Beispiel bilden wissenschaftliche Theorien, denen wir zwar keinen absoluten Wahrheitswert zuschreiben können, weil sie nie vollständig verifiziert sind; wohl aber können wir ihren Grad der Bestätigung oder Plausibilität abschätzen. Doch können etwa auch alle Arten von moralischen und politischen Werten rational hinterfragt werden, indem wir klären, ob sie zueinander überhaupt kompatibel sind oder logische Widersprüche auslösen; ferner können wir bei praktischen Handlungsoptionen stets fragen, welche Wirkungen sie haben werden: Wollen wir diese Handlung immer noch tätigen, sobald wir über all ihre zu erwartenden Konsequenzen informiert sind?

Die Weltanschauung des Wiener Kreises besteht aus zwei Teilen:

1. dem Verifikationsprinzip und der Idee, dass nur solche Sätze als kognitiv gehaltvoll zu identifizieren sind, die entweder logisch wahr bzw. falsch oder aber vollständig empirisch verifizier- oder falsifizierbar sind.
2. der Forderung, dass bei allen anderen Sätzen nicht nur deren nonkognitiven Charakter zu akzeptieren, sondern ein Maximum an kognitiven Anteilen aus ihnen herauszuholen ist.

Carnaps hier edierter Aufsatz steht am Anfang der Entwicklung dieser Weltanschauung. Aus diesem Grunde ist es besonders wichtig, nach einer Rekonstruktion des Inhaltes des Aufsatzes (die im nächsten Abschnitt erfolgt) all jene Punkte herauszuarbeiten, in denen sich die Ideen später verfeinert haben.

3 Carnaps Argumentation

Carnaps Argumentation in seinem Aufsatz zerfällt in drei Hauptteile:

1. Ein theoretischer Teil zeigt, wie sinnlose Wörter und Sätze zu identifizieren sind.
2. Diese theoretischen Einsichten werden am Beispiel eines Aufsatzes von Martin Heidegger erläutert.

3. Schließlich wird argumentiert, dass sinnlose Sätze nur aus der Wissenschaft, nicht aber aus dem Leben überhaupt zu verbannen sind: Ihre wahre Domäne ist die Kunst.

3.1 Wörter und Sätze mit und ohne Bedeutung

Der methodologische Ansatzpunkt Carnaps in seinem Aufsatz unterscheidet sich sowohl in der Auffassung der Empirie als auch der Logik von Positionen, die er später vertreten sollte. Die Empirie wird radikal im Sinne des Verifikationsprinzips interpretiert: Jede Aussage, die sich nicht vollständig verifizieren lässt, ist sinnlos und daher wissenschaftlich irrelevant. Logik wiederum wird hier noch so aufgefasst, dass es nur eine mögliche Logik geben kann, die ungefähr dem Bild entspricht, das Bertrand Russell (1872–1970) und Alfred North Whitehead (1861–1947) in den *Principia Mathematica* gezeichnet haben (siehe Anm. 33,24 f.).

Die Verpflichtung auf das Verifikationsprinzip führt zu einer Auffassung von Wortbedeutung in dem Sinn, dass nur die konkreten empirischen Instanzen eines Wortes ihm Bedeutung verleihen. Das Wort »Stein« (das Beispiel stammt nicht von Carnap) hat dadurch Bedeutung, dass ich jede konkrete Aussage über Steine (»Steine sind hart«, »Steine singen Stille Nacht«) anhand von Protokollsätzen überprüfen und verifizieren oder falsifizieren kann.

Eine geeignete Definition muss es mir dann ermöglichen, die dafür infrage kommenden konkreten empirischen Instanzen aufzuspüren (ich finde nur harte Steine, aber keine, die Stille Nacht singen).

Dagegen gibt es zwei Arten von Wörtern, die Carnap als bedeutungslos identifiziert:

1. Wörter wie »babig«, bei denen die Bedeutungskriterien nebulös bleiben: Die das Wort verwendenden Metaphysiker behaupten, »es gebe keine empirischen Kennzeichen für die Babigkeit« [223]. Ein solches Wort ist, entsprechend dem Verifikationsprinzip, ohne Bedeutung.
2. Dann sind aber auch Wörter wie »bebig« zu berücksichtigen, bei denen es zwar empirische Kriterien gibt – in Carnaps Beispiel, die Eigenschaft, viereckig zu sein. Wir stellen diese Bedeutung fest, indem wir die das Wort Verwendenden beobachten und sehen, dass immer nur viereckige Objekte als »bebig« identifiziert werden. Wenn nun die das Wort Verwendenden aber behaupten, dass Bebigkeit, über das Viereckig-Sein hinaus, eine weitere, »geheime, selbst nicht wahrnehmbare Eigenschaft« [224] repräsentieren, dann ist diese Behauptung sinnlos.

Carnap führt weiter aus, dass typische metaphysische Wörter wie »Prinzip«, »Gott«, »Sein«, »Seele« und »Idee« in einer der beiden Arten und Weisen sinnlos sind, indem entweder gar keine empirischen Kriterien angeben werden oder indem behauptet wird, es gäbe neben den empirischen Kriterien noch versteckte nichtempirische Bedeutungen.

Berechtigung hat, wie Carnap im Fall des Wortes »Gott« ausführt, nur eine Verwendungsweise, die das Wort strikt empirisch interpretiert, also etwa so, dass Gott ein alter weißer Mann mit Bart ist, der in einem Schloss über den Wolken wohnt, denn in »diesem Fall liegen keine Scheinsätze vor; aber der Nachteil für den Theologen besteht darin, daß bei dieser Deutung die Sätze der Theologie empirische Sätze sind« [226]: Die Wissenschaft zeigt uns nämlich, dass es über den Wolken keine Schlösser mit langbärtigen weißen Männern darin gibt.

Der Sinn eines Satzes ergibt sich für Carnap durch eine strikte Anwendung der formalen Logik (also in einer der *Principia Mathematica* bzw. einer daran angelehnten Formelsprache) auf die Sprache. Substantive und Adjektive müssen durch Prädikate und/oder Individuenkonstanten repräsentiert sein. Alle anderen Satzteile dagegen müssen sich in Junktoren (wie »und«, »oder«, »nicht«) und Quantoren (»es gibt ein«, »für alle gilt«) umformen bzw. transformieren lassen. »Alle Steine sind hart« (wieder ein eigenes Beispiel) ist deshalb ein empirisch sinnvoller Satz, weil er zwei empirisch sinnvolle Prädikate verwendet (»ist ein Stein«, »ist hart«) und diese in einer syntaktisch korrekten Weise in eine allquantifizierte Formel umlegt (»Für alle *x* gilt: wenn *x* ein Stein ist, dann ist *x* hart«). Demgegenüber begegnen uns oft zwei typische Fälle, die sich als Verletzungen der logischen Syntax identifizieren lassen.

Der erste Fall liegt dann vor, wenn ein Satz Bestandteile enthält, die in diesem Satz wie Substantive oder Prädikate gebraucht werden, obwohl sie in einer logischen Sprache nur als Junktoren oder Quantoren vorkommen. Als Beispiel bringt Carnap den Satz »Cäsar ist und« [227]. An der Stelle von »und« müsste in einem korrekt gebildeten Satz ein quantifiziertes Prädikat *P* stehen, das Cäsar eine bestimmte Eigenschaft zuweist (»Für alle *x* gilt: wenn *x* Cäsar ist, so hat es die Eigenschaft *P*«). Bloß ist »und« eben kein Merkmal, sondern eine Konjunktion, kann also an der Stelle von *P* in einer logisch korrekt gebildeten Sprache überhaupt nicht vorkommen.

Etwas subtiler ist die Fehlbildung im zweiten Fall, den Carnap diskutiert. Er nennt als Beispielsatz: »Cäsar ist eine Primzahl.« [227] Hier wird zwar ein Prädikat an der richtigen Stelle verwendet (*P* steht für »ist eine Primzahl«), doch in einer streng typisierten Logik, wie Carnap sie fordert, ist dieser Satz dennoch syntaxwidrig, weil diese Logik viele verschiedene Dingkategorien (Typen) enthält, etwa die Kategorie der Zahlen, der unbelebten Dinge oder der Lebewesen, und alle Prädikate über genau einer dieser Kategorien definiert sein müssen. Die Eigenschaft, eine Primzahl zu sein, ist demnach nur für die Kategorie der Zahlen definiert, nicht aber für die Kategorie der Lebewesen, in die wiederum Cäsar gehört. Hier liegt also ein Kategorienfehler oder, wie Carnap es nennt, eine »Sphärenvermengung« [235] vor. Somit ist auch dieser Satz nicht in eine korrekt gebildete formale Sprache übersetzbar.

Carnaps Argumentation gegen die Metaphysik geht wie folgt vor: Metaphysische Sätze enthalten entweder Wörter ohne Bedeutung (»Gott«, »Prinzip«, »Seele«, »Idee«) und sind allein dadurch schon sinnlos – oder aber sie enthalten Bestandteile, denen zwar etwas Sinnvolles in einer syntaktisch korrekten Sprache entspricht, die aber hier an der falschen Stelle auftreten, so dass der gesamte Satz unkorrekt gebildet und also gleichfalls sinnlos ist.

3.2 Exkurs: Heidegger als Parademetaphysiker

Im Hauptteil seines Aufsatzes kritisiert Carnap Passagen aus dem 1929 erschienenen Text von Martin Heideggers Antrittsvorlesung an der Universität Freiburg – *Was ist Metaphysik?* –, die in der durch Carnaps Kritik ikonisch gewordenen Aussage: »Das Nichts selbst nichtet« ihren Höhepunkt finden [229]. Diese Aussage stellt nach Carnaps Diagnose in einem doppelten Sinn eine syntaktische Fehlbildung dar, da die Negation, die in syntaktisch korrekten Sätzen nur vorkommen kann, indem sie auf Satzteile angewendet wird (»Es ist nicht der Fall, dass ...«), hier in der Gestalt von Subjekt (»Nichts«) und Prädikat (»nichtet«) erscheint.

Carnap stößt sich in seiner Diagnose nicht an dem »gefühlsmäßigen« Hintergrund von Heideggers Aussagen, entsprechend dem es »die Angst« sei, die »das Nichts offenbart« und in der wir »das Nichts finden«. Würde »das Wort ›nicht‹« in Heideggers Ausführungen nur »eine bestimmte gefühlsmäßige Verfassung, vielleicht religiöser Art, oder irgend etwas, das einem solchen Gefühl zugrunde liegt, bezeichnen« [231], dann wären sie unproblematisch. »Nichts« und »nichten« wären dann einfach Bezeichnungen für bestimmte emotionale Zustände: Der Satz »Das Nichts selbst nichtet« wäre in die logische Syntax übersetzbar (als ein Satz über Angstverhalten) und wäre damit ein sinnvoller Satz.

Heidegger beschränkt sich aber nicht auf Aussagen über gefühlsmäßige Inhalte, sondern behauptet, dass das in ihnen charakterisierte »Nichts« zugleich die Grundlage aller Logik liefert: »Das Nichts ist ursprünglicher als das Nicht und die Verneinung« [so das Heidegger-Zitat S. 229]. Daraus »ergibt sich deutlich, daß das Wort ›nichts‹ hier die übliche Bedeutung einer logischen Partikel hat, die zum Ausdruck eines negierten Existenzsatzes dient« [231].

Heidegger vermischt also die logische Bedeutung der Negation mit gefühlsmäßigen Aussagen über »Nichts« und »Angst«. Und deshalb sind seine Aussagen nicht in die logische Syntax übersetzbar, also sinnlos.

Es ist wichtig, hier Carnaps spätere, liberalere Handhabung der Logik in den Blick zu nehmen, um den bleibenden Gehalt seiner Argumentation angemessen verstehen zu können: In späteren von Carnap verwendeten von Existenzannahmen freien Logiken, wäre es nämlich durchaus möglich, sinnvolle logische Interpretationen von »Das Nichts selbst nichtet« zu finden, da Existenz dort als Prädikat eingeführt werden kann (s. a. Anm. 32,2 f.). Der vorgeführte Heidegger-Satz würde dann zu einer verhältnismäßig ungefährlichen Tautologie.

Diese liberalere Auffassung (Negation ist als Subjekt und Prädikat eines Satzes zulässig) entschärft aber nur Teile der ursprünglichen Kritik, weil die von Carnap als unzulässig kritisierte Vermischung aus logischer und gefühlsmäßiger Sprechweise erhalten bleibt. »Das Nichts nichtet« ist in der späteren Interpretation Carnaps zwar ein logisch korrekter, aber auch tautologischer Satz, der also immer noch nichts zu tun hat mit den von Heidegger mit ihm in Verbindung gebrachten Aussagen über Angst und dergleichen und der auch nicht als Grundlage der Logik dienen kann. Mit anderen Worten: Heidegger lädt in einer philosophisch und wissenschaftlich nicht nachvollziehbaren Art und Weise gefühlsneutrale logische Begriffe und Aussagen mit gefühlsmäßiger Bedeutung auf und unterstellt diesen eine dubiose logische Bedeutung. Er redet, hinter allen Sprachverwicklungen und doppelbödigen Subtilitäten, schlicht Unsinn, indem er die tautologische Aussage »Das Nichts nichtet« mit der gleichlautenden Aussage über Angstverhalten vermengt, ohne plausible logische oder emotionale Gründe für eine solche Vermengung anzugeben. Der Satz wird auf diese Weise unklar, ein wissenschaftlich inakzeptabler logisch-emotionaler Mischmasch.

Dieser Kritikpunkt bleibt von der Liberalisierung der Logik in Carnaps Spätwerk unberührt. Entsprechend kommt Carnap noch 1967 zu dem Schluss:

> [D]er Kern unserer früheren Kritik an der Metaphysik bleibt doch bestehen. Z. B. in Bezug auf die Ausführungen von Martin Heidegger würde ich noch wie früher sagen, daß wir sie gänzlich als unverstehbar ablehnen, ob wir sie nun, wie damals sinnlos nennen oder, wie heute, mit der vorsichtigeren Bezeichnung »ohne Erkenntnisgehalt« markieren, oder [...] als überflüssig im Gesamtsystem der Postulate der Wissenschaft bezeichnen – das macht keinen wesentlichen Unterschied.[2]

Diese Kritik trifft auch die an Heidegger anknüpfenden existentialistischen Philosophen. So merkt Carnap zu Jean-Paul Sartre (1905–1980) an, der habe »Weltanschauung, die stellt er gut dar in novels und Schauspielen; aber seine philosophische These, z. B. über Wahrnehmung, taugt nichts«.[3]

2 Willy Hochkeppel (Interviewer) und Rudolf Carnap, »Andere Seite des Denkens«, in: *Der Monat* 19 (1967) Nr. 224, S. 50–56, hier S. 55.

3 Carnap, *Tagebücher 1936–1970*, [Edition in Vorbereitung], Eintrag zum 2. September 1961.

Auch wenn Carnap in seinem Spätwerk neben den rein gefühlsmäßig-literarischen auch rational-wissenschaftliche Spielarten von Metaphysik akzeptiert (vgl. hier Abschn. 4.4), so fallen für ihn dann auch Georg Wilhelm Friedrich Hegel (1770–1831), Heidegger und die davon abgeleiteten Spielarten existentialistischer und (post)strukturalistischer Philosophie in keine dieser akzeptablen Kategorien.

Wenn Heidegger und Sartre sich auf Darstellungen ihrer Weltanschauungen beschränken würden, dann wäre ihre Metaphysik für Carnap legitim: Ob er ihnen zustimmen oder sie ablehnen würde, wäre dann keine wissenschaftliche, sondern eine nonkognitive Angelegenheit, also eine Frage der individuellen moralischen und politischen Einstellung. Oder anders ausgedrückt: Die sozialistische Weltanschauung Sartres würde Carnap in wichtigen Punkten teilen, die nationalsozialistische Weltanschauung Heideggers aber ablehnen.

Carnap wendet sich explizit gegen Heidegger und Sartre. Seine Kritik würde aber auch ältere Denker dieser Tradition wie Hegel und Edmund Husserl (1859–1938) sowie neuere wie Jacques Derrida (1930–2004) oder Jürgen Habermas (*1929) treffen. Sie lautet, dass in diesen Gedankengebäuden der legitime Ausdruck nonkognitiver Inhalte (Weltanschauung) in einer emotionalen Sprache grundlos mit logischen Ausdrücken vermengt wird. Diese oft mit Namen wie »Dialektik«, »Dekonstruktion« oder »Deliberation« belegte Scheinrechtfertigung muss, unabhängig von den mit ihr mittransportierten potentiell legitimen moralischen und politischen Inhalten, als unwissenschaftlich abgelehnt werden.

Carnaps Kritik wurde unmittelbar auch von Heidegger

selbst wahrgenommen. In einer Vorlesung von 1935 charakterisierte er Carnaps Aufsatz so:

> Hier vollzieht sich die äußerste Verflachung und Entwurzelung der überlieferten Urteilslehre unter dem Schein mathematischer Wissenschaftlichkeit. [...] Es ist kein Zufall, daß diese Art von »Philosophie« die Grundlage liefern will zur modernen Physik, in der ja alle Bezüge zur Natur zerstört sind. Kein Zufall ist auch, daß diese Art »Philosophie« im inneren und äußeren Zusammenhang steht mit dem russischen Kommunismus. Kein Zufall ferner, daß diese Art des Denkens in Amerika seine Triumphe feiert.[4]

Heidegger dreht also den Spieß um und identifiziert die »mathematische Wissenschaftlichkeit« in der »alle Bezüge zur Natur zerstört sind« als eine Art Schein-Philosophie, aus der nur die Heidegger'sche Metaphysik retten kann.

Vom Standpunkt des Wiener Kreises aus gesehen kann man diese Aussage unkommentiert stehenlassen: Hier geht es letztlich um eine Frage der Weltanschauung: Der antirationalen Ideologie Heideggers steht die moderne wissenschaftliche Ideologie des Wiener Kreises gegenüber.

Fest steht, dass diese beiden Sichtweisen miteinander nicht in Einklang zu bringen sind; welche Seite man wählt, muss am Ende jedoch jeder selbst entscheiden.

4 Heidegger, *Einführung in die Metaphysik*, S. 228.

3.3 Lebensgefühl, Dichtung, Musik: gute Metaphysik

Im letzten Abschnitt seines Aufsatzes macht Carnap deutlich, dass er den Ausdruck von nicht wissenschaftlich zu rechtfertigenden Dingen keinesfalls ablehnt, sondern als eine grundlegend wichtige Angelegenheit und ein völlig legitimes Anliegen der Metaphysik wertet, das jedem Sinnkriterium standhält. Metaphysik in diesem legitimen Sinn ist nicht mehr die pseudowissenschaftliche Rechtfertigung von Ideologie durch sinnlose (oder tautologische) Sätze, sondern ist Ausdruck des »Lebensgefühls«.

> Dieses Lebensgefühl äußert sich, meist unbewußt, in allem, was der Mensch tut und sagt; es prägt sich auch in seinen Gesichtszügen, vielleicht in der Haltung seines Ganges aus. Manche Menschen haben nun das Bedürfnis, darüber hinaus noch einen besonderen Ausdruck für ihr Lebensgefühl zu gestalten, in dem es konzentrierter und eindringlicher wahrnehmbar wird. Sind solche Menschen künstlerisch befähigt, so finden sie in der Formung eines Kunstwerkes die Möglichkeit, sich auszudrücken. [239]

Kunst stellt keine Sachverhalte dar, sondern bringt etwas zum Ausdruck [240], so in der Lyrik und in der Musik, die Carnap das »vielleicht [...] reinste Ausdrucksmittel für das Lebensgefühl« nennt. Metaphysiker, denen die Fähigkeit, Weltanschauungen in der Sprache der Musik auszudrücken, mangelt, sind »Musiker ohne musikalische Fähigkeit« [240].

Wenn sich Metaphysiker jedoch dazu entschließen, auf pseudowissenschaftliche Rechtfertigungen zu verzichten und ihr Lebensgefühl in einer rein künstlerischen Sprache zu artikulieren – Carnap nennt als Beispiel Nietzsches *Zarathustra* – dann handelt es sich um ein legitimes Vorhaben. Carnap hätte dennoch vermutlich gezögert, sein Lebensgefühl allzu dichterisch zu artikulieren: Nietzsches expressionistische Ausdrucksweise war für ihn zwar legitim, doch handelt es sich dabei um eine von ihm als Anhänger der Neuen Sachlichkeit wenig geschätzte ästhetische Ausdrucksform.[5] Kunst ist wissenschaftlich gesehen sinnlos, macht als Ausdruck des Lebensgefühls aber einen wichtigen Teil unserer Existenz aus. Kunst *kann* auch die Ausdrucksform einer hochgradig symbolischen, expressiven, selbst syntaxwidrigen Sprache wählen – »Eine muntere Sargträne schleift am bärenstimmigen Lungen-Alraun«[6] – oder aber rein sachlich sprechen, im Stil eines »ausdrucksbewussten Ingenieurs«, der Literatur in Protokollsätzen formuliert.[7] Welche Strategie man wählt, ist eine Frage des persönlichen Geschmacks. Carnaps Geschmack ging eindeutig in eine sachliche Richtung, überbordende Metaphysik war ihm auch in der Kunst eher suspekt.[8]

Findet Metaphysik den Ausdruck in der ihr gemäßen lyrisch-gefühlsmäßigen Sprache, dann können dadurch sehr

5 Vgl. dazu Damböck, »Die Entwicklung von Rudolf Carnaps Antimetaphysik, vor und nach der Emigration«, S. 41–45.

6 Celan, *Die Gedichte aus dem Nachlass*, S. 254.

7 Vgl. Roh, *Nach-Expressionismus. Magischer Realismus. Probleme der neuesten Europäischen Malerei*, S. 16.

8 Zu Carnaps Rolle als Philosoph der Neuen Sachlichkeit siehe auch Dahms, »Rudolf Carnap. Philosoph der Neuen Sachlichkeit« sowie Damböck, »Einleitung«, in: Rudolf Carnap, *Tagebücher 1908–1919*, S. 9–58, hier: S. 11–30.

unterschiedliche Dinge in Form gebracht werden wie etwa moralische, selbst religiöse Überzeugungen, politische Ziele, ästhetische Vorlieben, am Ende auch wissenschaftliche Theorien (siehe Abschn. 4.1).

Entscheidend ist dabei, dass es sich um die normative Seite unserer Gedankengebäude handelt, die einer empirischen oder logischen Rechtfertigung unzugänglich, also nonkognitiv ist. Einstellungen dieser Art können entweder stillschweigend transportiert werden, als Einstellungen, die mehr oder weniger unbewusst in unserem ganzen Denken, Sprechen und Handeln verkörpert sind.

Alternativ können diese Dinge aber auch explizit gemacht werden, so etwa in einer künstlerischen Sprache, die dem Lebensgefühl in einem adäquaten nonkognitiven Medium (wie Musik oder Lyrik) reproduzierbaren Ausdruck verleiht.

3.4 *Antimetaphysik als politische Agenda*

Die politische Botschaft des Wiener Kreises, die im Hintergrund des hier edierten Aufsatzes aufscheint, besteht in dem antimetaphysischen Grundsatz, dass keine Rechtfertigung einer politischen Doktrin möglich ist, die über den Rahmen des empirisch und logisch Feststellbaren hinausgeht.

Das führt dazu, dass ein sehr breites Spektrum von politischen Philosophien zurückgewiesen wird: Zunächst werden die metaphysisch argumentierenden Politiktheorien der in den 1930er Jahren allmächtigen Varianten religiösen und faschistischen Totalitarismus abgelehnt. Philosophie dient dort als »Opium für die Gebildeten«, mit dem Ziel der

»Lähmung der Gehirne und Ablenkung gefährlicher Aktivität«.[9] Es geht also eigentlich darum, dem Staat freie Hand zu geben bei der Durchsetzung der von totalitären Führern vorgegebenen Ziele, indem der Einzelne mittels einschläfernder Ideologien von eigenem Denken abgehalten wird.

Doch findet sich sinnlose Metaphysik auch in der vom Wiener Kreis angestrebten linken Politik, etwa in der Gestalt der Pseudorechtfertigung des Kommunismus mittels »dialektischem Materialismus«. Stattdessen schlägt der Wiener Kreis eine strikt empiristische Philosophie vor, deren einzige politische Doktrin darin besteht, Wissen und Rationalität zu vermitteln und universell verfügbar zu machen. Der Sozialismus bekommt in diesem Kontext den Charakter einer empirischen und damit falliblen Prognose: wenn wir die Arbeiterschaft zum Selberdenken animieren und ihr das nötige empirische und logische Wissen vermitteln, dann wird sie in freien Wahlen für die Etablierung sozialdemokratischer Ideen votieren.[10]

Ihren adäquaten politischen Ausdruck findet die antimetaphysische Doktrin des Wiener Kreises in einer empiristischen Demokratietheorie, die sich, im Stil des Rechtsphilosophen und Vaters der österreichischen Verfassung, Hans Kelsen (1881–1973), auf Grundsätze wie Freiheit und Gleichheit verpflichtet und auf die politische Entscheidungsfin-

9 Carnap, »Philosophie – Opium für die Gebildeten«.
10 Zur fragmentarisch gebliebenen Ausarbeitung des logischen Empirismus als metaphysikfreie Alternative einer Grundlegung des Sozialismus, die Neurath und Carnap im Anschluss an das Manifest des Wiener Kreises vorgenommen haben (Damböck, »The Politics of Carnap's Non-Cognitivism«, Abschn. 2, sowie Damböck, »Carnap's Noncognitivism: Paths and Influences«, Abschn. 4.)

dung durch frei gewählte Volksvertreter. Dabei stellt das oberste Prinzip nicht der umfassende Konsens, sondern der auch Minderheitenmeinungen möglichst stark berücksichtigende Kompromiss dar.

4 (Anti-)Metaphysik in Carnaps später Philosophie

Die strikte Anwendung des verifikationistischen Sinnkriteriums stellt nur die Verpackung dar, in der Carnaps Antimetaphysik von ihm 1931 präsentiert wurde. Später hat sich diese Verpackung bei gleichbleibendem Inhalt grundlegend geändert. Es ist daher wichtig, die verschiedenen Punkte zu verdeutlichen, an denen sich Carnaps Antimetaphysik in den Jahren nach 1931 verfeinert und ausdifferenziert hat.

(a) So trat an die Stelle der Idee einer absolut gültigen Logik ein viele Logiken ermöglichendes Toleranzprinzip; außerdem wurde
(b) das rigide Verifikationsprinzip Wittgensteins differenzierter gefasst; das überflüssige Ideal der Beschränkung auf vollständig verifizierbare Sätze und Tautologien wurde auf dieser Grundlage
(c) durch ein komplexeres Ideal maximaler Rationalität ersetzt; und schließlich führte
(d) die Position des späten Carnaps dazu, dass metaphysisches Denken erneut möglich und sinnvoll wird, solange dieses die Grundsätze des logischen Empirismus nicht verletzt.

4.1 *Das logische Toleranzprinzip*

Bis um 1931 glaubte Carnap zusammen mit vielen anderen Logikern und Philosophen seiner Zeit, dass es nur *eine* absolut gültige formale Logik geben kann, aus der sich am Ende die wahren Sätze der Mathematik vollständig ableiten lassen. Der Logiker Kurt Gödel (1906–1978), der in den späten 1920er Jahren Schüler Carnaps in Wien war, entwickelte ein Beweisverfahren, mit dem er diesen alten Traum widerlegte: In einem formallogischen System, das stark genug zum Ausdruck der Arithmetik der natürlichen Zahlen ist, wird es immer Aussagen geben, die in diesem System weder bewiesen noch widerlegt werden können. Dies hatte zur Konsequenz, dass es nicht mehr die eine Logik geben kann und auch nicht die eine Mathematik, die sich in der einen Logik verbindlich und vollständig artikulieren lässt. Carnap erkannte, dass es vor diesem Hintergrund eine Vielzahl von logischen Systemen geben muss, die auf ganz unterschiedliche Weise die Grundlage für unterschiedliche Konzeptionen der Mathematik und aller Arten von empirischer Wissenschaft (und Philosophie) liefern können. Diese bahnbrechende Erkenntnis formulierte Carnap in seinem Buch *Logische Syntax der Sprache*: »die Hemmung [ist] überwunden; vor uns liegt der offene Ozean der freien Möglichkeiten.«[11]

Das von Carnap in diesem Buch sogenannte »logische Toleranzprinzip« – »Jeder mag seine Logik, d. h. seine Sprachform, aufbauen wie er will«[12] – wurde von ihm später zu einer umfassenden Theorie formaler und wissenschaftlicher »Rahmenwerke« weiterentwickelt: In dem Aufsatz

11 Carnap, *Logische Syntax der Sprache*, S. VI.
12 Ebd., S. 45.

»Empirismus, Semantik und Ontologie«, der heute als eine der wichtigsten Arbeiten Carnaps gilt, verwirft er den ganz auf der ursprünglichen Idee einer absolut gültigen Logik basierenden Ansatz des hier abgedruckten Aufsatzes von 1931 und ersetzt ihn durch die folgende Idee:

Jede mathematische und wissenschaftliche Theorie benötigt zu ihrer Artikulation ein logisches Rahmenwerk, das die Sprachbausteine liefert, in denen die Theorie überhaupt erst beschrieben werden kann. Diese Sprachbausteine aber können unterschiedlichen Grundsätzen verpflichtet sein. Jede Logik, jedes formale Rahmenwerk repräsentiert damit, ohne selbst schon eine Theorie zu artikulieren, ohne selbst schon Theoreme und empirische Behauptungen zu enthalten, eine »Ontologie«, ein Vokabular, das unterschiedlichen metaphysischen Grundsätzen in einem sehr traditionellen Sinn verpflichtet sein kann, so etwa der Nominalismus oder der Realismus.

Die antimetaphysische Doktrin des Wiener Kreises bleibt dabei von dieser grundlegenden Modifikation unberührt, weil diese ja lediglich besagt, dass es für metaphysische Aussagen keine objektive epistemische Rechtfertigung gibt. Genau in diesem Sinn können wir also, im Verständnis von »Empirismus, Semantik und Ontologie« entscheidbare logische oder empirische Fragen immer nur *innerhalb* eines Rahmenwerkes artikulieren und dann mit den logischen und empirischen Methoden eben dieses Rahmenwerks einer epistemischen Rechtfertigung zuführen. Das Rahmenwerk selbst aber – die der verwendeten Methode zugrunde liegende Metaphysik – bleibt dabei unentscheidbar, es kann für sich genommen weder formal bewiesen noch empirisch verifiziert werden. Wir können uns nur über die »Fruchtbarkeit« eines Rahmenwerks, über seine bessere oder schlechtere Verwendbarkeit als Werkzeug, über das Ausmaß, in dem es Kreativität fördert oder hemmt, Fehler vermeidet oder begünstigt, verständigen.

4.2 Jenseits des Verifikationsprinzips

Wittgensteins Verifikationsprinzip ist und bleibt in gewissem Sinn die Kernaussage der Philosophie des Wiener Kreises. Denn im logischen Empirismus existieren nur zwei Strategien epistemischer Rechtfertigung:

1. die Logik und der Beweis, dass ein Satz aus bestimmten Axiomen formal abgeleitet werden kann, und
2. die Empirie und der Nachweis, dass sich ein Satz auf Protokolle einer Sprache zurückführen lässt, die sich ausschließlich auf Wahrnehmbares bezieht.

Sätze, die nicht in diesem Sinn logisch oder empirisch bewiesen oder widerlegt sind, haben keinen objektiven epistemischen Gehalt, sind also sinnlos bzw. nonkognitiv.

Das Spektrum entsprechender Sätze ist groß. Neben Sätzen der Metaphysik, der Ethik, Ästhetik und Politik sind auch die meisten wissenschaftlichen Theorien, selbst die Logiken und formalen Rahmenwerke, in denen solche Theorien formuliert werden, betroffen. Auch in der Wissenschaft gibt es nur relativ wenige singuläre Aussagen, die eindeutig durch Wahrnehmungen verifiziert oder falsifiziert bzw. logisch bewiesen oder widerlegt werden können. Die meisten wissenschaftlichen Hypothesen und Theorien beziehen sich entweder auf nicht wahrnehmbare Objekte wie Elektronen und Strings oder enthalten generalisierende Aussagen der Art »Für alle gilt ...«, »Es gilt immer ...«, die eine vollständige empirische Bewertung von vornherein unmöglich machen. Wird das Verifikationsprinzip strikt angewendet, sind alle derartigen Aussagen sinnlos.

Was aber genau sind die Konsequenzen, die wir für sinnlose Aussagen fordern sollen? – Bereits in dem hier vorliegenden Aufsatz von 1931 hatte Carnap ja nicht gefordert, sinnlose Aussagen zu verbieten. Mit Blick auf die Metaphysik hatte er aber verlangt, Aussagen, die sich nur auf das Lebensgefühl beziehen, in ihrer Domäne zu belassen, also in künstlerisch-emotionalen Ausdrucksformen zu artikulieren. Diese Forderung würde auch ethische, ästhetische und politische Prinzipien umfassen: Dort, wo diese nichts anderes sind als der Ausdruck einer Einstellung, ist eine erkenntnistheoretische bzw. epistemische Rechtfertigung unmöglich, übrig bleibt nur die Äußerung in einer emotionalen Sprache. Doch lassen sich selbst wissenschaftliche Theorien, Logiken und formale Rahmenwerke als solche nur verstehen als Teil des Lebensgefühls, der Weltanschauung der Wissenschaftlerinnen und Wissenschaftler, die sie verwenden: ihr adäquater Ausdruck ist poetisch-ideologischer, nicht aber streng rationaler Natur.

Die erste Konsequenz für entsprechend dem Verifikationsprinzip sinnlose Aussagen ist also, sie als solche zu akzeptieren und einen Ausdruck für sie zu finden, der ihrem nonkognitiven Charakter Rechnung trägt: Sinnlose Aussagen sind nicht per se schlecht, doch muss man sich der Tatsache stellen, dass sie keine objektiven Wahrheiten repräsentieren.

Dieses Bekenntnis zur Sinnlosigkeit stellt aber nur eine Seite des Problems dar, die ohne die folgende Ergänzung zu blanken Absurditäten führen würde. Denn jede nonkognitive Festsetzung oder Aussage hat einen bestimmten normativen Gehalt, den sie mit sich mittransportiert, einen Wert, eine politische Entscheidung, eine theoretische Festsetzung. Und diese *nonkognitiven* Setzungen haben weitreichende *kognitive* Konsequenzen:

(1) Aus Festsetzungen lassen sich Theoreme und Prognosen ableiten.
(2) Unterschiedliche Festsetzungen bieten jeweils verschiedene Möglichkeiten, sie zu artikulieren, und sind dadurch für bestimmte Zwecke mehr oder weniger gut geeignet.

Diese beiden Punkte führen zu rationalen Fragestellungen in allen hier diskutierten Fällen, Ethik, Ästhetik, Politik, wissenschaftliche Rahmenwerke und Theorien, die außerordentlich relevant sind.

(1) bedeutet erstens, dass wir die *Konsistenz* einer Festsetzung überprüfen können. Lassen sich einander widersprechende Theoreme voneinander ableiten, dann ist ein System widerspruchsvoll. Und dies sollte man von einem rationalen Standpunkt aus gesehen vermeiden, und zwar unabhängig davon, ob es sich um eine wissenschaftliche Theorie oder um eine Ethik handelt: Gleichzeitig *A* und nicht *A* zu wollen oder zu behaupten, dürfte nie besonders zielführend sein.

Dann bedeutet (1) aber auch, dass wir aus Festsetzungen jeder Art immer bestimmte (kausale) Konsequenzen ableiten können. Bei wissenschaftlichen Theorien können diese als Prognosen dienen, anhand derer wir eine Theorie überprüfen (bestätigen oder widerlegen) können. Ist also die Theorie »Die Erde dreht sich in 24 Stunden um sich selbst« für sich genommen nonkognitiv, so kann sie doch durch tägliche Beobachtung erhärtet werden. Bei eher moralischen oder politischen Systemen wiederum dienen Prognosen (vorausgesetzt, dass sie wissenschaftlich fundiert sind, also aus gut bestätigten Theorien abgeleitet wurden) dazu, die Festsetzung selbst zu überdenken: Wollen wir diese Entscheidung immer noch treffen, jetzt, wo wir wissen, wohin sie führen kann bzw. wird? Zunächst schien mir der Führer *x* einfach nur charmant zu sein, und ich wollte ihn wählen. Jetzt, da ich sehe, was er wirklich vorhat und wohin uns seine Pläne bringen würden, wende ich mich von ihm ab.

Schließlich geben uns rationale Ableitungen auch die Möglichkeit, bei gegebenen Zielsetzungen die Mittel zu finden, die diesem Zweck dienen. Wissenschaft liefert die Technologien, um von uns vorgegebene Zielsetzungen effizient verfolgen zu können.

(2) betrifft den (internen Fragestellungen im Stil von (1) übergeordneten) Vergleich zwischen verschiedenen möglichen Festsetzungen und Rahmenwerke untereinander. Was lässt sich in einem Rahmenwerk überhaupt ausdrücken? Welche Rätsel hilft es, zu lösen? Welche Konsequenzen haben unterschiedliche Handlungsstrategien in der Praxis?

Solche externen Fragen können zur gewichtenden Bewertung verschiedener Festsetzungen herangezogen werden. Sie können dazu führen, dass wir uns zwischen unterschiedlichen Systemen der Moral und Politik entscheiden oder wissenschaftliche Rahmenwerke austauschen.

Im strengen Sinn des Verifikationsprinzips sind sinnlose/nonkognitive Aussagen allgegenwärtig, sei es in der Philosophie, in der Politik, im Alltagsleben und in der Wissenschaft. Die Aufgabe einer antimetaphysischen Philosophie besteht nicht darin, sie zu verbannen, sondern ihnen die richtige Rolle zuzuweisen. Das führt zu zwei wichtigen Forderungen:

1. Jede Pseudorechtfertigung von nonkognitiven Inhalten muss zurückgewiesen werden.
2. Gleichzeitig geht es aber darum, die rationalen Möglichkeiten zur richtigen Einschätzung nonkognitiver Inhalte (durch Prognosen, Kausalanalysen und logische Untersuchungen) soweit wie irgend möglich zu stärken und auszubauen.

4.3 Maximale Rationalität: Carnaps Weltformel

In seinem Spätwerk hat Carnap eine Formel ausgearbeitet, die dabei hilft, alle rationalen und nonkognitiven Gesichtspunkte bei menschlichen Entscheidungen zu gewichten. Grundlage dieses Rahmenwerks aller Rahmenwerke ist das empirische Wissen E der zugrunde liegenden Person oder Gruppe, also alle Protokollsätze, die zu einem bestimmten Zeitpunkt akzeptiert werden. Die zu analysierenden Festsetzungen (Entscheidungen, Werte, Rahmenwerke) liegen vor in der Gestalt unterschiedlicher Handlungsoptionen a, a', … Zur Bewertung dieser Optionen werden eine Reihe von kausal möglichen Weltverläufen W, W', … sowie zwei Funktionen betrachtet, nämlich eine Glaubwürdigkeitsfunktion $\mathit{Cred}(W, a \cdot E)$: Wie wahrscheinlich ist das Szenario W unter der Annahme von a und E? Sowie eine Wertfunktion $V(W)$, die wiederum bewertet, wie sehr W der fraglichen Person oder Gruppe wünschenswert erscheint.

Beide Funktionen beruhen auf subjektiven Einstellungen (meine/unsere Moral, meine/unsere induktive Intuition), müssen aber auch bestimmten objektiv vorgegebenen Axiomen genügen. Im Fall von *Cred* sind das unter anderem die Axiome der Wahrscheinlichkeitslehre (Kolmogorow Axiome)[13] sowie Annahmen darüber, wie regelmäßig bestimmte empirische Ereignisse auftreten. Zweck dieser Axiome ist es, Inkonsistenzen zu verhindern und die Berücksichtigung von empirischem Wissen zu erzwingen.

Auf dieser Grundlage können dann für alle Handlungsoptionen $a, a', \ldots$ Präferenzwerte mit folgender Formel berechnet werden:

$$\mathfrak{P}(a) = \sum V(W)\, \mathit{Cred}(W, a \cdot E)$$

Eine Handlung a ist maximal rational, wenn für keine andere Handlung a' gilt, dass $\mathfrak{P}(a) < P(a')$, wenn der Präferenzwert also ein Maximum darstellt.

Ein Beispiel soll die Funktionsweise dieser Formel verdeutlichen: Die Frage sei, welche von verschiedenen Handlungsoptionen $a, a', \ldots$ man in einer bestimmten Situation

13 *Kolmogorow Axiome:* also die von Andrei Kolmogorov (1903–1987) angegebenen Axiome für die Wahrscheinlichkeitsrechnung: Wahrscheinlichkeiten sind nicht negativ; das sichere Ereignis hat Wahrscheinlichkeit 1; die Wahrscheinlichkeit, dass von zwei unvereinbaren Ereignissen eines von beiden eintritt, ist gleich der Summe der Einzelwahrscheinlichkeiten.

im Kampf gegen die COVID-19-Pandemie wählen soll. Die Wertfunktion *v* bewertet die unterschiedlichen möglichen Zukunftsszenarien aus der subjektiven Sicht der die Strategie wählenden Person oder Gruppe. Es bieten sich Szenarien mit unterschiedlich hohen Verlusten an Wirtschaftsleistung, Beschäftigung und unterschiedlichen Fallzahlen und Belegungen der Intensivstationen bzw. Todesopfern an. Die Aufgabe der Bewertenden besteht nun darin, in all den unterschiedlichen Szenarien, die unterschiedliche Ausprägungen in den verschiedenen möglichen Determinanten enthalten (Wirtschaftsleistung, Beschäftigung, Fallzahlen, Todesopfer), eine gewichtende Bewertung vorzunehmen: Was wird als mehr oder weniger wünschenswert identifiziert? Diese Gewichtung ist eine moralisch-politische Frage, die nicht auf die Wissenschaften abgewälzt werden kann.

Die Wertfunktion *v* drückt nur den subjektiven Wert von Szenarien aus, sagt aber nichts über ihre empirische Wahrscheinlichkeit. Zur Beantwortung dieser Frage ist die Funktion *Cred* zuständig: Diese schätzt unter dem vorliegenden empirischen Wissensstand *E* und der Annahme der Setzung einer bestimmten Handlungsoption *a* den Grad der Wahrscheinlichkeit eines Szenarios *W* ab. So könnte ein Szenario mit niedrigen Fallzahlen und keinen Einschränkungen des täglichen Lebens, das eine hohe Bewertung durch die Funktion *v* erhält, in *Cred* eine sehr niedrige Wahrscheinlichkeit zugewiesen bekommen. Während *v* eine gesamtgesellschaftliche Angelegenheit ist, da es Fragen der moralischen Verantwortung betrifft, die alle angehen, kann *Cred* von wissenschaftlichen Expertinnen und Experten besser bewertet werden, die den Zugriff auf die dafür erforderlichen empirischen Daten und Berechnungsmodelle haben.

Der gesellschaftliche Input in der Gestalt der Funktion *v* und die wissenschaftliche Expertise, die *Cred* abschätzt, könnten dann in einer von einem Computer durchgeführten Berechnung zusammengeführt werden. Diese summiert anhand obiger Formel für die unterschiedlichen Handlungsoptionen alle ins Kalkül gezogenen Szenarien hinsichtlich des Produkts aus *v* und *Cred*. Handlungsoptionen mit höheren Präferenzwerten bieten eine größere Ausgewogenheit aus wünschenswerten und wahrscheinlichen Zukunftsszenarien. Eine maximal rationale Handlungsoption zeichnet sich also durch die optimale Balance zwischen moralisch-politischer Bewertung in *v* und wissenschaftlicher Einschätzung in *Cred* aus.

Es sei hier dahingestellt, wie realistisch es sein könnte, eine solche Berechnung in realen Anwendungen gewinnbringend durchzuführen (Carnap selbst war in dieser Hinsicht eher pessimistisch). Carnaps Weltformel illustriert aber eine zutiefst philosophische Idee über den Zusammenhang zwischen rein empirischem, logischem und rationalem Input – kognitivem Wissen – auf der einen Seite und Werten, Weltanschauungen – nonkognitiver Einstellung – auf der anderen. Überall in der Berechnung findet sich sehr viel an Nonkognitivem. Nicht nur drückt die Funktion *v* Werthaltungen aus, sondern auch die Funktion *Cred* spiegelt intuitive Annahmen über Gleichmäßigkeiten – von Carnap sogenannte induktive Intuitionen – wider, die eben nicht ein logisches oder empirisches Wissen, sondern ein Gefühl, eine Einstellung ausdrücken.

Auf der anderen Seite stecken in diesen Funktionen aber auch viele rationale und empirische Elemente. Die Wertfunktion kann nicht Szenarien einfach inkonsistent bewerten, sondern muss bestimmten logischen Regeln genügen, die Kohärenz garantieren. Und die Glaubwürdigkeitsfunktion muss Regeln der Wahrscheinlichkeitslehre berücksichtigen und in einer konsistenten Weise empirischem Wissen Rechnung tragen.

So abstrakt und mathematisch komplex dieses Rahmenwerk auch erscheinen mag, so zeigt es, dass es bei der Zurückweisung von Metaphysik bei Carnap nicht darum geht, Teile des sozialen und wissenschaftlichen Diskurses in eine inselhafte Irrationalität zu verbannen (sie also als sinnlos und sonst nichts abzuurteilen), sondern im Gegenteil darum, nonkognitive Anteile in unserem Denken zu minimieren und rationale Anteile zu maximieren. Das alle entsprechenden Anstrengungen prägende Axiom besteht jedoch darin, dass es keine epistemische Rechtfertigung einer Aussage gibt, die nicht entweder empirisch (anhand von wahrnehmbaren Gegenständen und Merkmalen) oder logisch (anhand von Ableitbarkeit aus Axiomen) ist. Oder anders ausgedrückt: Rationalität ist der logische Slalom durch den Stangenwald des Irrationalen.

4.4 Die Metaphysik ist tot, es lebe die Metaphysik

Mit einigem Recht wurde in jüngerer Zeit behauptet,[14] dass Carnap in seinem Spätwerk Metaphysik nicht mehr rundweg abgelehnt hat. Dem wäre hinzuzufügen, dass Carnap die Metaphysik auch in seinem Frühwerk nicht ablehnt,

14 Siehe etwa Flocke, »Carnap is Not Against Metaphysics« oder Thomasson, »Carnap and the Prospects for Easy Ontology«.

sondern sie als Domäne des emotiven Diskurses identifiziert, die vor pseudowissenschaftlichen Rechtfertigungen geschützt werden muss. Metaphysik wird von Carnap nur dort bekämpft, wo sie sich, wie bei Heidegger, in Doppelbödigkeiten und Pseudorechtfertigungen mit antirationaler Zielsetzung ergeht. Argumentiert Metaphysik (oder Ethik oder Politik oder wissenschaftlicher Diskurs über Rahmenwerke) hingegen emotional, ist sie nie grundsätzlich abzulehnen, zumindest dann nicht, wenn sie sich nicht den Fakten verschließt.

Im Spätwerk treten zu diesem auch weiterhin geteilten Standpunkt aber zwei wichtige Ergänzungen hinzu:

1. Metaphysische Begriffe und Systeme sind nicht länger verboten.
2. Ein emotionaler Diskurs muss eingebettet sein in rationale Wissenschaftlichkeit.

Vor dem Hintergrund des logischen Toleranzprinzips werden viele Spielarten traditioneller Metaphysik damit wieder erneut diskutabel, geht es doch nicht mehr nur darum, das Lebensgefühl in lyrischer Sprache zu artikulieren bzw. es emotional zu verteidigen; mindestens ebenso wichtig ist es, jeden nonkognitiven Befund so aufzubereiten, dass er wissenschaftlich anschlussfähig wird. Und dafür können Ontologien und metaphysische Axiomensysteme hilfreich sein.

Rundherum abgelehnt wird vom frühen wie vom späten Carnap – der hier immer Anhänger der Aufklärung und Modernist bleibt – nur die Postmoderne und ihre antirationale Mission, die Logik gegen Emotionen auszuspielen.

Dagegen eröffnet das logische Toleranzprinzip die Türen zu einer erneuten Diskussion über Kategorien und metaphysische Axiome, vorausgesetzt, dass diese dem in der Metaphysik auszudrückenden Lebensgefühl oder zumindest einer historischen Erscheinungsform eines Lebensgefühls entsprechen, die es zu rekonstruieren gilt. Wenn wir ein Rahmenwerk bauen, das sich empirisch bewährt und mit den Standards heutiger Wissenschaft im Einklang steht, dann kann uns keine Philosophie vorschreiben, die Begriffe dieses Rahmenwerks zu verändern. Wenn Begriffe wie »Gott« und »Seele« am Ende in der metaphysischen Mottenkiste landen, dann als Resultat eines komplexen gesamtwissenschaftlichen Entscheidungsprozesses und nicht einer ruckartigen philosophischen Einzelaktion. Carnaps Spätphilosophie unterscheidet sich von dem hier edierten Aufsatz darin grundlegend, dass der späte Carnap hier nur die Möglichkeit einer pragmatischen Entscheidung durch die Wissenschaft sieht (die Philosophie kann dabei nur zusehen und die Resultate vermerken), während der frühe Carnap annahm, dass es sich um Entscheidungen handelt, die in der Verantwortlichkeit der Philosophie liegen – eine grobe Überschätzung der Möglichkeiten philosophischer Analyse.

Kritisiert werden kann Carnaps Frühwerk vom Standpunkt seines Spätwerks außerdem in Bezug darauf, dass Carnap 1931 und davor kaum etwas darüber äußert, wie sich emotionaler Diskurs über Werte und metaphysische Lebensgefühle in den von ihm und dem Wiener Kreis geforderten empiristisch-rationalen Diskurs einbetten lässt. Dass das eine nicht vom anderen isoliert werden kann und dass es eben darum geht, dass das Lebensgefühl nur die

Spitze eines Eisbergs ist, dessen Basis sich aus Fakten und Formeln zusammensetzt – die Spitze definiert allenfalls die Treibrichtung des Berges –; dass es also um maximale Fakten- und Logikverbundenheit gerade dort geht, wo wir vom Lebensgefühl reden, wird erst in Carnaps späteren Ausführungen klar. Der Aufsatz von 1931 bleibt an den Stellen undeutlich und irreführend, an denen er den Eindruck erweckt, als zerfiele die Gesellschaft in zwei disjunkte Gruppen, nämlich eine, die sich um Wissenschaft und Rationalität kümmert, und eine, die sich der Kunst und dem Lebensgefühl widmet. Diese Haltung erwies sich als fatal, weil sie die berechtigte Kritik auslöste, der Wiener Kreis vertrete eine irrationalistische Moralauffassung und immunisiere den ethischen Diskurs gegenüber jeder Form von rationaler Argumentation. In Wahrheit waren aber von Beginn an für Carnap und den Wiener Kreis Werte und Rationalität untrennbar verknüpft, nur ist es gerade in den wirkmächtigsten Texten der 1930er Jahre misslungen, diese Verknüpfung auch hinreichend deutlich zu machen.

Dieser Fehler wurde später behoben, zumindest kann man diese These mit einigem Recht vertreten, wenn man Carnaps Gesamtwerk einschließlich seiner Tagebücher und zu Lebzeiten unveröffentlicht gebliebenen Manuskripte und Vorträge studiert. Dann zeigt sich, dass für Carnap nicht nur die Bereiche des nur emotional artikulierbaren Lebensgefühls und des rationalen Diskurses der Wissenschaft untrennbar miteinander verknüpft sind, sondern dass er zeitlebens an nichts anderem gearbeitet hat als an Strategien, um diese Verknüpftheit zu verdeutlichen und den rationalen Anteil an normativen Diskursen zu maximieren.

Inhalt